（改訂版）生活環境と情報認知（'20）

©2020　川原靖弘・片桐祥雅

装丁・ブックデザイン：畑中　猛

-62

生活環境と情報認知

川原靖弘・片桐祥雅

まえがき

「思考は現実化する」ナポレオンヒル（Napoleon Hill）は，願望実現に関する米国の哲学者の言葉です。私たちは，私たちの頭の中で「発明」され現実化されたものの中に生きているといっても過言ではありません。こうした発明は，身の回りにあるさまざまな事象を観察し，情報として受容し，頭の中で再構築する―さらにそれらを自由に加工し架空の世界をつくっていく，といった人間独特の想像力が源泉となって生み出されてきたといってもよいでしょう。

鳥のように飛びたい―という人間の願望は古代からありましたが，単純に鳥のように羽ばたくだけでは空を飛ぶことはできず，悲惨な失敗が累積されていました。滑空する鳥の翼を観察することにより，揚力を発見し，飛行可能な人工物を創製することができたのです。ライト兄弟はこうした飛行可能な人工物（グライダー）を発展させ，1903 年，ノースカロライナで初めて動力エンジン付き飛行機で有人飛行に成功します（もっとも，揚力を利用した固定翼の原理を模型飛行器による飛行機の原理を初めて検証したのは，日本の二宮忠八とされています）。

今日私たちは，インターネットから即座にさまざまな情報にいつでもどこでもアクセスすることができる世界に住んでいます。私たちは，これらの情報を受容し，頭の中で再構築し，いわば，バーチャルな世界を形成しつつあるとも言えるでしょう。しかし，これまでの人類の数々の発明が教示するように，バーチャルがリアルと結合して初めて意味を成すことに私たちは留意しなければなりません。

　そこでこの科目では，情報機器上で操作されるさまざまな情報が，現実の世界のものからどのようにつくられていくのか，また，つくられた情報は私たちに実効的にどのような作用を及ぼすのか，といったことを，知能ロボティクスを専門とする羅志偉博士，情報工学を専門とする河口信夫博士，実験心理学・神経科学を専門とする喜多伸一博士とともに，最新の研究事例を挙げながら解説しました。具体的には，生体情報から物理・環境情報に至るさまざまな情報を例とし，それらの情報がいかに取得・加工・提示されるかといった情報処理技術に係わる事項と，それらの情報がどのように受容され認知されるかといった認知神経科学的事項について述べるとともに，こうした情報が現実にどのようなサービスに繋がっているかという社会学的事項にも言及いたしました。また，物理情報を単に加工するのではなく，人間に対する情報の心理学的・生理学的作用についても重点的に言及いたしました。この情報の作用は単なる錯覚，プラセーボ，あるいはバーチャルリアリティを凌駕し，リアルワールドで物理的・薬理的効果を持つと考えたからです。このような効果を利用することは，将来，限りある資源を有効に活用しつつ持続的発展社会の支援に資することが期待されます。本科目を学ぶことにより，こうしたバーチャルワールドの裏に綿密なリアルワールドが存在していることをぜひ推察してください。

　なお，本書で扱っている生体情報に関連する医学的事項および医療サービスに係わる事項については，あくまでも原理を説明するための一般論であり，個々に適用できないことをご承知置きください。医療サービスを必用とされる方は，専門の医療機関を受診していただくようお願いいたします。

　本書を完成するにあたり，放送大学教育振興会 出版部・小川栄一氏に多大な尽力をいただきました。ここに感謝の意を表します。

2019 年秋

川原靖弘

片桐祥雅

目　次

1 | 生活の中の情報

川原靖弘・片桐祥雅

《**目標＆ポイント**》 生活で利用される情報の扱いにおける，その取得から利用までの手段について，身近な情報を用いて概観する。また，情報利用の自動化を目的とした情報システムの構成と情報の流れについても，身近なシステムを例にとり言及する。

《**キーワード**》 情報，サンプリング，情報の加工，情報通信端末，データベース，情報システム，NFC

1．身の回りの情報

（1）情報とデータ

　私たちは，統制された数値で表されるもの，意味の付加された記号で表されるもの，感覚を通して認知できるもの，知ることのできる概念など，人間や機械によって認識されるものや概念を情報と呼んでいる。データ（data）という言葉もあるが，データは諸々の活動により得られる文字や数値の集まりそのもののことであり，情報（information）と同一の意味を持つ言葉ではない。データを受け取った人間や機械にとって意味をもたらすものであれば，データはそれらに情報をもたらしているということができる。人間は，これらの情報を絶えず利用，処理しながら生活を営んでおり，その処理機構は，ミクロもしくはマクロ的な計測手段を用いて，日々明らかにされている。私たち人間は，日常生活において，情報を把握，利用しながら生活をしているが，ICT（情報通信技術）が発達した現代社会において，扱う情報の伝達媒体や利用目的は

多様化している。

　本書では，生活環境において情報がどのように利用されているか，いくつかの例を紹介することにより概観し，情報認知の方法，処理方法，伝達方法にも言及し，解説する。1〜4章では，生活の中で情報がどのように活用されているか，身近な例を用いて解説する。5〜7章では，生活環境における人間の情報の認知について，そのメカニズムや利用事例について解説する。8〜11章では，利便性，快適性，安全性の実現を目的とした生活環境情報の利用例を取り上げ，活用のための情報処理，伝達方法について解説する。12〜14章では，生活空間における事象を情報として扱うための，情報の可視化や通信ネットワークを利用した情報処理について解説する。最終章では，生活環境における情報認知や情報活用の将来展望を述べ，内包する倫理的課題にもふれる。

（2）情報を扱う

　ここで，身近なものである「りんご」を取り上げ，「りんご」にかかわる現代生活で扱われる情報を書き出してみる。食品である「りんご」において，私たちが必要とする情報は多岐に及ぶ。物体そのものから得られる情報として，形，色，大きさ，重さ，硬さ，糖度，香りなどがある。これらの情報を基準とし，りんごの美しさやおいしさが評価される。また，店舗で販売するりんごには，情報として流通経路が付加されることが重要であり，生産者，生産場所，生産日時，運搬経路，運搬時の温度，運搬時の衝撃の有無も「りんご」個体に付随する情報である。この生産・流通過程における追跡可能性をトレーサビリティという。さらに，生育環境も必要な追跡情報であり，「りんご」の個体において，使用した農薬の種類，量，土壌の状態，日照などの情報を記録することもできる（図 1-1）。

図 1-1　身の回りの情報の例

　これらの情報は，私たちの感覚を通して記録されることもある。しかし，分業化，機械化が進んだ現代の消費社会において，必要な情報は自動で生成し利用できたほうが，効率がよい場合が多い。自動水栓や自動点灯，携帯端末での現在位置把握，地震予報，商品管理などの身近なシステムにおいては，リアルタイムな事象採取技術や情報生成技術が応用されている。次の（3）では，生活における事象からのデータ抽出（サンプリング）と利用に関し，説明する。

（3）サンプリング

　生活における事象や現象から情報を得るために，必要なものを採取することをサンプリングという。「りんご」の甘さの情報（糖度）を得るためには，りんごの個体，もしくは個体の一部を，情報を得るために必要な量だけ採取する必要がある。この作業をサンプリングという。サンプリングされたもの（サンプル）は，利用目的に見合う情報が処理により得られるものである必要があり，目的と状況により，適したサンプリング手法が使用される。樹に結実している「りんご」が青いか赤いか知るためには，りんごの写真を撮れば確認することができるので，写真を撮ることがサンプリング手法となる。販売する「りんご」の成分を確認するためには，成分を分析する機械が必要とする量の「りんご」そのも

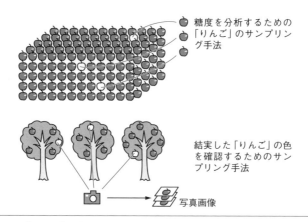

図1-2　サンプリングの例

のを採取する必要があり，これがこの目的に適したサンプリング手法となる（図1-2）。

　さらに，効率よく自動サンプリングする場合は，工程や時間をかけずに必要な情報を得られるように工夫する必要があり，サンプリング手法の研究と開発は，研究機関や企業で絶えず行われている。

（4）データの加工と利用

　サンプリングされたもの（サンプル）の情報を利用するためには，利用目的に合った情報を取り出すための加工がサンプルに施される。「りんご」の収穫時期を色から判断するためには，色を収穫可能な色とそうでない色に判別することが，サンプルに施されるデータの加工である，ということができる。この情報加工方法には，カラーセンサや画像処理により色を数値化し，さらに収穫可能な色とそうでない色の値というように二値化することで判別する方法，人間の目で見て色を判断する方法など，目的と状況によりさまざまな手段が存在する。

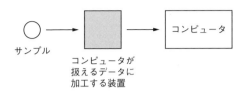

図 1-3　サンプルのデジタル化

　多量のサンプルを短時間で処理するためには，コンピュータが使用されることが多く，サンプルは，コンピュータでの処理が行われる前に，同一条件下においてコンピュータで扱えるデータに加工される。このサンプル加工過程はデジタル化と呼ばれ，センサや分析機器，あるいは人手などで処理が施される。

　データの加工において，データを視覚的に認知できる状態に処理することを視覚化という。印刷・放映メディアや Web サイトなどの視覚メディアが一般的に利用される現代において，生活の中で視覚化された情報を利用する機会は多い。

2. インターネットと情報利用

（1）生活における情報の利用

　サンプルデータを利用するために，データは保存され伝達される（図1-4）。データは，文字や数値，デジタルデータとして保存され，それぞれに適したメディア（媒体）の形態で伝達される。印刷された文字であ

図 1-4　サンプルの採取から利用までの流れ

れば書籍が伝達メディアとなり，デジタルデータであれば，ハードディスクやフラッシュメモリに保存され，通信網に使用される伝送媒体により伝送される。データは，記憶メディアや伝送媒体の容量により，利用目的のみを満たすための情報量に削減，圧縮されることがある。

（2）モバイルコミュニケーション

　インターネットが整備された現代においては，デジタルデータをインターネットに接続された記憶メディアに保存することにより，インターネットに接続された情報通信機器を介して，情報をいつでもどこでも取り出して利用することが可能になった。消費生活において，インターネットショッピングや天気予報の閲覧などは，パソコンや携帯電話で日常的に行われるようになったが，このパソコンや携帯電話は情報通信機器の一形態であり，情報通信端末と呼ばれる。

（3）Internet of Things （IoT）

　パソコンや携帯電話だけでなく，通信機能を持つ生活空間にあるすべてのものが，情報通信端末ということができる。今日，電気やガスのメータ，カーシェアリングの車両，配達される荷物の伝票（バーコード）を読み取る端末など，日常を構成する「モノ」に通信機能が搭載され，それがいつどこでどのような状態であったかというデータがインターネット上で共有され，処理や分析を行うことが可能になっている。あらゆるものがインターネットを通じて接続され，状況把握や制御が可能になるといった概念のことは，IoT（Internet of Things）と呼ばれている。所持している人の位置情報や活動状況を把握するスマートフォンやRFタグの搭載されたカードは，人とインターネットをつなぐことで，人の行動状況のデータもインターネット上で共有することを可能に

する。このような概念のことを Internet of Human と呼ぶこともあるが，情報通信端末に関連する技術の進歩により，生活空間に存在するさまざまな事象を把握したり，人やモノに対して情報を与えたりすることで，人間の生活をさらに効率化してくれる仕組みが至る所に実現されつつある。

3. 生活空間と情報利用

(1) 実空間情報システム

　情報の効率的な運用を目的とし，デジタルデータの保存と流通を管理する情報システムがさまざまなシーンにおいて構築されている。生活空間に設置される情報システムの一形態として，情報通信端末，通信網（ネットワーク），データベースにより構成される形態がある。情報通信端末は，システム外部（外界や人間）との接点（インタフェース）となり，情報の入出力や処理を行う（図1-5）。データベースは，デジタルデータがアクセスしやすい形で格納されたデータ集合のことであり，データベース管理システム（DBMS）により管理される。情報通信端末とデータベースはネットワークに接続され，それぞれは，制御ソフトウェアにより制御される。

　情報通信システムにおける外界とのインタフェースとなる情報通信端末は，演算装置（CPU），メモリ，ディスプレイ，通信モジュール，操作部，電源などで構成される（図1-6）。各構成部の小型化や高機能化が進み，情報通信端末は持って歩くもの，街中に設置されるものなど生活環境での多くの利用シーンに合った形態に多様化された。駅の自動改札，街頭デジタルサイネージ（電子看板）も生活環境に溶け込んだ情報通信端末である。情報通信端末の操作部や表示部のように，人間との接点となっている部分をヒューマン・インタフェースという。生活環境で

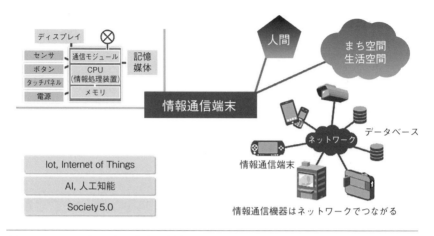

図 1-5　IoT が実現する実空間情報システム

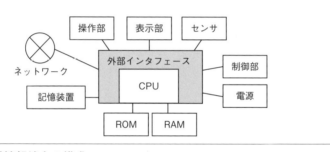

図 1-6　通信情報端末の構成

使用する情報通信端末の設計において，ヒューマン・インタフェースのデザインは，重要な設計ポイントの1つである。

　データベースは，データが利用目的に沿ってアクセスしやすい形で蓄積されたデータ集合のことで，データは一定の規則に従って格納されている。データを蓄積する方式で，複数の表を連携させてデータを格納する方式は，リレーショナル・データベースと呼ばれる。複数の人がいつ

日付	時刻	緯度	経度	人物D
2015/1/1	15 28	35.68138	139.7661	A
2015/1/1	17 30	35.65939	140.0579	B
2015/1/1	18 20	35.9063	139.624	A
2015/1/1	19 23	34.98546	135.7578	C
2015/1/1	19 45	35.05166	135.7771	C
2015/1/1	20 31	34.70191	135.495	B
2015/1/1	20 34	35.68138	139.7661	B
2015/1/1	23 21	35.63015	139.7404	A
2015/1/2	0 05	35.69868	139.7742	B
2015/1/2	3 43	35.69868	139.7742	D
2015/1/2	6 01	35.53133	139.6969	A
2015/1/2	7 21	35.89307	139.9524	D
2015/1/2	7 23	35.67507	139.7633	B
・	・	・	・	・
・	・	・	・	・
・	・	・	・	・

人物D	性別	年齢
A	男性	23
B	男性	31
C	女性	25
D	男性	51
E	女性	43
・	・	・
・	・	・
・	・	・
・	・	・

図 1-7　リレーショナル・データベースの例

　どこにいたかといったデータをリレーショナル・データベースに格納したときの例を図1-7に示す。データベースにおいて，各表の列と行は，それぞれフィールド，レコードと呼ばれている。この例のように，生活環境における情報は，時刻と位置を含むことが多いのが特徴である。

（2）情報システムの例

　身近な情報システムの例として，NFC（Near Field Communication）技術が応用されている，鉄道交通の乗車管理システムにおける，情報の流れと情報端末に使用されている技術について紹介する。

　NFCとは，13.56 MHzの周波数を利用する通信距離10 cm程度の近距離無線通信技術であり，カードやスマートフォンで利用する電子マネーの機能に使用されている。2004年に国際標準規格（ISO/IEC 18092）に制定され，その拡張規格は2005年に国際標準規格（ISO/IEC 21481）に制定されている。この規格の1つにNFC-F（FeliCa）があ

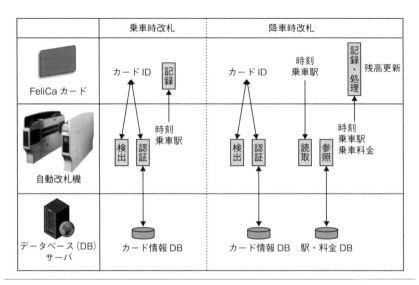

	乗車時改札	降車時改札

図1-8　NFCを利用した鉄道乗降者管理システムにおける情報の流れ

り，Suica などの国内の交通系カードに搭載されている。ここで，FeliCa カードを使った乗車と降車の際の，乗車管理システムでの情報の流れの例を見てみる（図1-8）。

　乗車時に，自動改札機に FeliCa カードをかざすと，カードには乗車時間と乗車駅が記録される。この際，FeliCa カードと自動改札機の間では，検出→認証→読み取り→記録という手順の通信が繰り返される。FeliCa カードには，CPU や OS が組み込まれた IC チップとアンテナが内蔵されており，カード内部のコイル状アンテナがリーダ/ライタ（自動改札機）が発生する磁界により磁気を受けて電流を発生し（電磁誘導），その電力によりカード内の CPU が起動し，自動改札機からの通信要求に反応し，情報処理が行われる。データ通信では，まず，自動改札機は FeliCa カードの"素性"を問い合わせ，それについて IC カード

が識別信号を発することで IC カードの検出が行われる。この際，自動
改札機は，カード ID が格納されたデータベースを参照し，乗車に使用
するカード ID であることを確認することで改札機にかざされたカード
の認証が行われ，通信が続行され，読み取り→記録といった処理が遂行
される。

　降車時に，自動改札機に FeliCa カードをかざすと，乗車時と同様に
カードの認証が行われ，改札機はカードから乗車駅情報を読み取る。改
札機は，乗車区間と料金表が格納されたデータベースにアクセスするこ
とで乗車料金を決定し，カードに対し，残額から乗車料金を引く手続き
を要求する。

　FeliCa カードと自動改札機とのデータ通信時において，カードと改
札機間の相互認証と通信データを暗号化した処理が行われる。この暗号
化には暗号化鍵を用いたセキュリティアルゴリズムが採用されており，
通信データで使われる暗号化鍵は，相互認証時に乱数を使い，トランザ
クション（通信手続き）ごとに暗号化データを動的に生成することによ
り，なりすましなどを防いでいる。

（3）個人情報の扱い

　このような，人や物の状態を表すさまざまな情報を抽出可能とする
データがインターネット上で扱われ始めた今日，基本的人権の確保を目
的とした個人データの扱い方を決める法律が，各国において整備されつ
つある。代表的な例として，欧州連合（EU）では，インターネット社
会に適合した個人データ保護規定である一般データ保護規則（GDPR）
が 2018 年に適用された。GDPR では，個人データの欧州経済領域
（EEA）内から外への移転は原則禁止されており，インターネットを通
じて欧州市場と取引をするサービス業者は EEA 内の個人データの取得

や処理に関して，対応が必要となっている。いくつかのシーンにおける個人情報の扱いについて，後の章で見ていく。

　生活の中の事象について，その採取から利用までの手法について，いくつかの例を交えて概観した。生活環境に構築する情報システムは，生活者や生活空間と接点を持つ。したがって，時々刻々と変化する生活者の行動や思考，生活環境の変化に対応できるシステムの構築が望まれる。しかし，環境が変化する現実空間に影響される生活者に，個別に対応するための情報システムのデザインは，システムにおける情報処理や情報伝達の効率化とトレードオフの関係にある場合が多い。また，誰でも便利に情報を扱えるようになると，情報を容易に悪用できる危険性が増す。以降の章では，生活環境における情報の扱われ方について，具体例を参照しながらさらに詳しく解説していく。

まとめ

　生活で利用される情報について，その採取から利用までの手段，さらに情報利用の自動化を目的とした情報システムの構成と情報の流れについて，身近なシステムを例にとり概観した。

コラム１／生命の進化

　私たち生物の生体間でも，さまざまな器官や組織により，生活環境で生命活動を営むための情報が扱われている。

　地球上に現存する生物は，核を持たない原核生物と核を持つ真核生物に大別される。これらの生物はいずれも遺伝情報を記録するデオキシリボ核酸（DNA）を有するが，原核細胞の DNA は細胞質の中に核膜により隔絶されずに核様体として存在し，環状の形状を呈する。一方，真核細胞の DNA は線状であり，終末にテロメアと呼ぶ構造体を有する。

このため真核細胞で分裂は有限となるが，原核細胞では分裂の制限（ヘイフリック限界）を受けない。

　図1に，原始原核生物から現存の生物へ進化したとされる仮説を示す。植物，動物，菌類の細胞には共生するミトコンドリアが存在する。ミトコンドリアは原核生物の特徴である独自の環状 DNA を有している。細胞核は，ミトコンドリアの遺伝情報の大半を有し，ミトコンドリアをクローニングにより増殖させる一方，ミトコンドリアと協働してさまざまなタンパク質を産生する。一方，ミトコンドリアは，細胞の活動に必要なアデノシン三リン酸（ATP）を産生するのみならず，細胞を障害するカルシウムイオンを緩衝するなど細胞保護の役目も果たしている。ただし，機能低下により細胞質に活性酸素を滲出させ，細胞老化の原因ともなっている。

　こうした生物の進化の起源として，自己複製可能な巨大分子が最初に存在し，そこから進化が始まったとする「RNA ワールド」説がある。しかし，この説では最初の RNA の起源が説明できない。生命の起源となるヌクレオチドは地球外に存在し，隕石により地球にもたらされた，というパンスペルミア説はこの起源問題に対する1つの考え方である。この説に対する否定的意見が多い中，国際宇宙ステーションにおいて地球外ヌクレオチドの存在を検証しようとする研究もある。

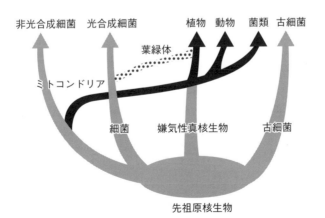

図1　生物の進化

コラム2／セントラルドグマ

　セントラルドグマとは，遺伝情報を有するDNAからRNAが転写され，翻訳されてタンパク質が合成される一連のプロセスであり，生命活動の基本原理とみなされている。

　遺伝情報は，プリン環を骨格とする塩基を基盤に，アデニン（A），シトシン（C），グアニン（G），チミン（T）により構成される。チミンはDNAから転写されたRNA上ではウラシル（U）に置換されている。こうした塩基の連続する3つの組み合わせに対してアミノ酸が対応している。この対応はコドンと呼ばれ，原核生物，真核生物を問わずほぼ共通である。コドンの組み合わせは4×4×4＝64であり，それぞれにアミノ酸が対応している。例えば，グルタミン酸には，GAA，GAGの2つのコドンが対応している。この対応表には，RNAの転写時にDNAの塩基配列の逆となることが考慮されている。

　多細胞生物のDNAはすべての細胞において共通であるが，個々の細胞は細胞ごとに固有の遺伝情報を発現し生体の中で機能分担している。こうした細胞ごとの制御は，メチル基による転写制御によりなされている。真核生物では，図2に示すように，シトシンの水素基がメチル基に置換される。

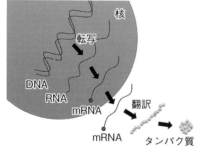

図1　セントラルドグマ

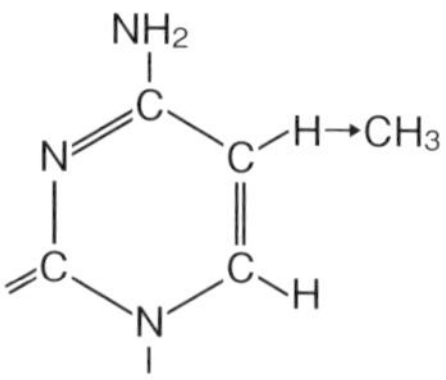

図2　DNAメチル化

　こうした DNA のメチル基の配列パターンは，細胞基質を特徴づける
ため静的であるのみならず，メチル化／脱メチル化によりダイナミック
に変化し，環境適応に寄与している。しかし，過度の刺激によりメチル
化異常をきたすこともある。メチル基の配列パターンは細胞分裂後も保
存されるため，メチル化異常は胎児段階から生涯を通じて蓄積され得
る。この異常が疾患の原泉となり得るとして近年精力的に研究が進めら
れている。

参考文献

1. K. Ashton, That "Internet of Things" Thing, *RFID Journal*, 22, 97-114 (2009).

2. 株式会社ブリリアントサービス，『NFC HACKS ─プロが教えるテクニック＆
ツール』（オライリー・ジャパン，2013）.

3. 椎橋章夫，『ペンギンが空を飛んだ日』（交通新聞社，2013）.

4. General Data Protection Regulation：GDPR, http://data.europa.eu/eli/reg/2016/
679/oj (2016)

2 | ヒューマン・インタフェースと 情報の利用

羅　志偉

《**目標＆ポイント**》　家や街，公共施設など，生活環境のさまざまな場面で私たち人間と各種人工システムとの間において，情報確認や円滑な意志伝達をし，または合目的に両者をかかわらせるための情報技術であるヒューマン・インタフェースについて概説する。また，関連する高い臨場感のある没入型情報可視化技術や，ウェアラブル技術とユビキタス技術，BMI という脳活動情報を計測・認識することで，直接に機械を動かすブレンマシン・インタフェース，そして人間の感情を知覚して人工システムで感情表現する Affective Computing などの最新技術開発と応用例を紹介する。
《**キーワード**》　ヒューマン・インタフェース，ヒューマンエラー，没入型仮想現実技術，ウェアラブル技術，BMI，Affective Computing

1. さまざまなヒューマン・インタフェース

　テレビ，洗濯機，エアコンなど，各種家電を操作するときに使用する操作パネルやリモコン（図 2-1），計算機や携帯電話，スマートフォンを操作するときのマウス，キーボード，液晶モニターや画面表示，また自動車や電車を操縦するときのメータ，スイッチ，ボタン，ハンドル，アクセルとブレーキ，さらには銀行の ATM や駅の切符券売機，そして空港での案内表示など，私たち人間は，日常生活において多種多様な機器を介して人工システムや生活環境と各種情報のやり取りをし，生活を営んでいる。図 2-2 に示すように，ヒューマン・インタフェースとは，人間と人工システムや生活環境との交わり的な役割を果たす存在

図2-1　ヒューマン・インタフェースの例

図2-2　ヒューマン・インタフェース

で，両者間に介在してさまざまな情報や物理量を伝達するための手段，装置とソフトウェア技術の総称として，定義されている。人工システムが計算機の場合，ヒューマン・インタフェースは，ユーザーインタフェースとも呼ばれている。

　人間は，人工システムに対して，目的の操作や指示を出すためには，主に手足の身体運動を通して，スイッチ，ボタン，ハンドル，リモコン，マウス，キーボード，タッチパネルなどに対して力学操作や音声指示を行うが，逆に人工システムから人間へは，人間の五感や体性感覚に対して情報や物理量を提示するよう，液晶モニタ，メータ，ランプ，スピーカーなどによる視覚的，聴覚的または触覚的刺激を与えるようになっている。

2. ヒューマンモデルとヒューマンエラー

　ヒューマン・インタフェースは，人間と実世界や人工システムを快適かつ円滑につなげ，高いユーザビリティを実現させるために，人間の身体的・精神的・認知的能力に適合する必要があるので，人間の各種身体機能，感覚機能，認知機能の特徴，限界とその加齢変化，個人差，そして，ストレスや，疲労などについて十分考慮する必要がある。また，人間や人工システムにとって安全安心に目的を達成させることが極めて重要であるので，ヒューマンエラーを理解して未然に対処することが必要不可欠である。これによって初めて直感的に操作方法を理解できることや，目的の操作が効率的に早く行えること，操作した内容を五感で確認できること，また，誤操作を実行したときに被害が少ないことが実現できる。

　人間同士がコミュニケーションを行う場合は，主に自然言語による音声会話や身振り手振りの動作表現および顔の表情変化によって相手と情報交換や意志伝達を行っている。同時に視覚，聴覚，触覚，味覚と嗅覚および体性感覚でまわりの状況変化や相手からの反応を受け取り，脳神経系による認知，理解，記憶と学習によって相手の情報や特性を把握・理解し，達成感や満足感を得るようになっている。

　これに対して，人間が人工システムとかかわるとき，主に手足の動作で操作を行い，限られた時間で伝えられる情報量が格段少ないことがわかる。また，操作の結果，人工システムから何らかの変化や反応は提示可能であるが，人間のような感情や嗜好的な反応を得ることはできない。したがって，人間と人工システム双方の特性や性能の差異，相互作用の限界を認識して，互いに適合させることが大切である。

　工学的に見れば，人間の五感と体性感覚，そして脳神経系，身体力学特性には，人工システムと異なる特性や性能限界が存在している。例え

ば，私たちの手足の可動範囲，視覚の視野範囲，聴覚の可聴周波数帯域が限られて，刺激反応速度や認識能力にも限界が存在している。そして，長時間作業や複雑な環境条件では居眠り，退屈，疲労やストレスが伴い，誤認識や誤判断，そして誤操作を誘発しやすいことがある。さらには経験不足や加齢による各種身体機能の低化と病変により，今まで操作できたこともある日突然できなくなることもある。これらの要因によって実際人工システムを操作するときにさまざまなレベルでヒューマンエラーを引き起こす可能性がある。したがって，ヒューマン・インタフェースを構築するうえで，人間の特性を理解し，各種ヒューマンエラーを事前に把握することが重要である。また，これを考慮してヒューマン・インタフェースとしては，直感的に理解でき，簡単で使いやすいことや，ある程度の間違った操作をしても対応できること，また，操作手順をガイドできることなどが有効となる。

3. ヒューマン・インタフェースの技術展開

　最近の計測技術，無線通信技術，そしてバーチャルリアリティ技術の発展で，ヒューマン・インタフェース技術は，ウェアラブル技術やユビキタス技術へと進化し，人間への触覚や力学情報提示装置，ヘッドマウントディスプレイ（HMD）など，より直感的に人間の動きと連動して適時適所で適切な情報や物理量を提示したり，コミュニケーションしたりするようなより高度な情報技術も開発されつつある。また，より高い臨場感を追及する没入型情報可視化技術や，BMIという脳活動情報を直接に計測・認識することで機械を動かす技術も研究されている。

（1）没入型仮想現実技術
　没入型仮想現実技術は，計算機で構築された仮想の空間に対象者であ

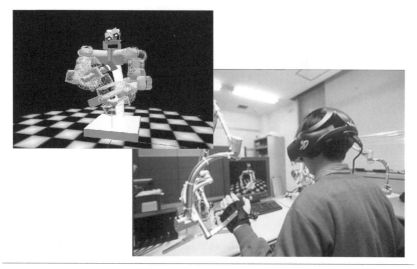

図 2-3　ヘッドマウントディスプレイ

る人間があたかもその場にいるような感覚を得るための技術で，主に以
下に示す 2 種類のものが挙げられる。

① ヘッドマウントディスプレイ（HMD：Head Mounded Display）

　これは，図 2-3 に示すゴーグルやヘルメットのような形状をした装置
であり，両眼の前にそれぞれ映像が映し出され，人間に立体視覚情報を
提供する。また，加速度センサにより装着者の頭部の動きに応じて映像
の視点が変わるようになっており，小さいスペースで高い没入感を得る
ことができる。

② CAVE

　図 2-4 に示すように，CAVE は，体験者を複数枚の立体表示スク
リーンで囲むような装置である。体験者は，立体視眼鏡をつけ，ワンド
と呼ばれるコントローラを持ってその部屋の中に立つ。この立体視眼鏡
とワンドの位置情報をトラッキングするシステムが装備されており，そ

図 2-4　没入型仮想現実技術

図 2-5　XBox360-Kinect（Microsoft）

れぞれの CAVE 内での 3 次元座標および向きがリアルタイムで検出され，体験者の視点から見えるべき立体画像が自動的に表示される。これによって，ある物体で隠れて見えない部分を覗き込むことなどが可能となる。これらの処理は CAVELib という処理プログラムで行う。CAVELib は CAVE のような複数のディスプレイで構成されたシステムで動作する可視化ソフトウェア用のプログラムである。CAVE における体験者の運動や頭部姿勢を計測するために，高価な運動キャプチャシステムがよく提唱されているが，図 2-5 にあるより安価な Kinect を用いることもできる。Kinect は家庭用ゲーム機向けに開発したコントローラを用いずにゲームができる計測装置である。ジェスチャーや音声認識によって直感的で自然なプレイが可能となる。具体的な操作法の一

例を挙げると，CAVE の中で体験者が右手を上げると前進，左手を上げると後退，首を左右に曲げると旋回といった形で画像の動きを体験者の身体運動で操作することができる。現在，Kinect 向けのオープンソースのプログラムが開発されており，ユーザーが独自のプログラムに使用することが可能となっている。

（2）ウェアラブル技術とユビキタス技術

ウェアラブル技術（Wearable）とは，文字どおり，身に付けて持ち歩きながら利用する情報技術で，その例として，メガネ型，時計型と衣服への着用が可能なものなど，使用形態は多岐にわたる。広義の意味では，小型化したスマートフォンや IC カードなどもウェアラブルコンピュータの一種である。

① ブレスレット型のデバイス

ブレスレットとして身に付けたり，衣服にデバイスが埋め込まれたりして，身体の動きや体温，血圧，心拍数などの生体信号を記録できる。

図 2-6　ブレスレット型のデバイス。SmartBand SWRIO と Xperia（SONY）

図 2-7　スマートウォッチ。Apple Watch sport（Apple）

　図 2-6 に示すのはソニーが開発したもので，SmartBand とスマートフォン Xperia を合わせて，電話やメッセージの着信通知だけでなく，歩数や消費カロリー，そして睡眠時間などの身体情報や，日々の活動をライフログ管理アプリケーションで表示できる。

② 腕時計型のデバイス

　腕時計にディスプレイがついて，時刻以外に付加的な情報を表示できる。スマートフォンと連携して，スマートフォンでメールを受信したときに腕時計に通知を表示できる。

　図 2-7 に示す Apple Watch は，電話やメールの着信通知表示が可能で，運動の時間，距離，カロリー，ペースなどのデータをリアルタイムで表示でき，運動の履歴，トレーニング内容，達成記録を iPhone で表示できる。図 2-8 に示す Pebble は，腕につけたままの通話着信はもちろん，メールの受信や天気予報のチェック，Facebook や Twitter などへの投稿も可能である。

③ メガネ型のデバイス

　メガネに小型のディスプレイやカメラなどが取り付けられて，必要な

図2-8　スマートウォッチ。Pebble Smart Watch（Pebble）

図2-9　メガネ型のデバイス。Google Glass（Google）

情報を目の前に表示したり，目で見たままの光景を写真に撮ったりすることができる。例として図2-9に示すGoogle Glassがある。視界の写真・動画による共有やナビゲート，検索などが可能で，起動は「ok glass」，写真撮影は「take a picture」など，音声によるコマンド操作が可能である。

　以上に示したように，近年になってウェアラブルデバイスが実用化されてきた理由として，次のような技術背景が挙げられる。
① 小型・軽量化：コンピュータの小型・軽量化によって，装着してい

ることをほとんど意識しなくてもよいデバイスを作れるようになった。
② モバイルネット環境の普及：スマートフォンの普及により，モバイルインターネットによる常時接続が可能となり，インターネットを介した魅力的なウェアラブルデバイス用のアプリケーションが容易に開発できるようになった。
③ 認識技術などの発展：音声認識や画像認識センサなどの技術の発展により，ウェアラブルデバイスへの入力方法として，より自然な方法を使えるようになった。

　ウェアラブルデバイスがパソコンやスマートフォンなどのデバイスと大きく異なるところは，手を使って明示的に操作しなくても自然に利用できる点と，各種センサを使って身体のさまざまな位置情報，姿勢情報，生理情報を取得できる点である。この特徴を生かして，次のような活用が期待されている。
① 健康管理：身に付けているデバイスによって健康状態をモニタリングし，運動が不足していれば適度な運動を促すなど健康増進に役立てる。特に機械が苦手な高齢者に身に付けてもらい，家族が離れていても健康状態を確認できる。
② 警察・消防，災害救助：メガネ型のデバイスを使うことで，手がふさがっている状況でもメガネのディスプレイで建物の構造や地図を見ることができる。また，個々のメンバーが見ている光景をリアルタイムにリーダーが把握し，的確な指示を出すことができる。

　以上のウェアラブル技術では，人間が各種情報処理機能を有するデバイスを身に付けて持ち歩きするのに対して，街の至る所に各種計算機機能をいろいろな物や空間に埋め込み，各種情報収集や情報提示を行う技

術がユビキタス技術である。ウェアラブル技術とユビキタス技術は今後ますます私たちの生活に浸透してくることと予測されているが，以下の各課題の解決も重要となる。すなわち，① 低消費電力化，② 効率的で高速な情報通信方式，③ 柔軟なセンサ機能材料，④ 情報識別と提示方式，⑤ 時空間情報統合などである。

（3）BMI（Brain Machine Interface）

　BMIとは，脳神経系の活動を直接計測して計算機などで人工的に識別することで機械を動かすインタフェース技術である。BMIの開発において，脳活動計測は重要な要素であり，今日ではさまざまな計測方式が開発され，大きく2種類に分類できる。

　すなわち，脳に外科手術を施し，電極などの計測デバイスを直接設置する侵襲型の計測方式と，外科手術を施すことなく，体外から計測装置によって脳活動を計測する非侵襲型の計測方式である。侵襲型計測方式の開発例として，ブラウン大学のDonoghueらのBrain Gateがあり，大脳皮質の運動野の一部に96本の電極を埋め込み，神経細胞の電気活動を計測する。その結果，脊椎損傷患者がロボットアームやコンピュータのカーソルを動かせるようになった。ただし，侵襲型方式では，電極を埋め込む際の手術や，感染などのリスクがあるため，ヒトに対する普及には時間がかかると考えられる。

　一方，非侵襲的な計測方式では，ポジトロン断層法（Positron Emission Tomography：以下，PET），脳磁図（Magneto Encephalo Graphy：以下，MEG），脳波（Electro Encephalo Graphy：以下，EEG），機能的核磁気共鳴画像法（functional Magnetic Resonance Imaging：以下，fMRI），近赤外分光法（Near-Infra Red Spectroscopy：以下，NIRS）などがある。特にfMRIやEEGを用いたBMIの研究が盛んに行われて

いる。

fMRIでは，国際電気通信基礎技術研究所（ATR）の神谷らが大脳皮質の視覚野の活動をfMRIによって空間的にデコーディングして，ヒトの見ている線の傾きを予測する技術を開発した。そしてその技術に基づき，ホンダ・リサーチ・インスティチュート・ジャパンとの共同研究において，ヒトがグー，チョキ，パーのいずれかの動作を行ったときの運動野皮質の活動を空間的にデコーディングすることで，ロボットハンドを操作する実験に成功した。最近では，ヒトが見ているアルファベットや図形を大脳の視覚野の活動から再構成する実験に成功している。

EEGでは，ニューヨーク州保健省Wadsworth CenterのWolpawらが，計測された脳波の電位分布を測定し，ヒトが意図的にその分布を変化させる訓練を行うことによって，二次元のカーソル移動を可能とするBMIを開発した。また，EEGで車いすを制御することに成功した。これは，足，右手と左手を動かすイメージを行ったとき，125ミリ秒という短時間にEEGを解析し，前進，右と左の信号を抽出するものである。

しかし，fMRIは装置が大型であり，計測時に被験者を拘束する必要があるので，日常環境で利用するインタフェースとしては難がある。一方，EEGは電気的なノイズの影響を受けやすく，筋肉の活動電位も混入しやすい。そのため，電気的ノイズを発生する家電の多い日常環境で使用するには十分な性能を発揮できない可能性がある。また，空間分解能も低い。

これに対して，NIRSは比較的小型であるため携帯性が高い。また，光による計測であるため電気的なノイズの影響をあまり受けない。そのため，最も日常環境に適した計測装置であると考えられる。

NIRSは，脳皮質表面において，神経細胞が活動した結果として数秒

後に生じる酸素化ヘモグロビン（以下，oxyHb）と脱酸素化ヘモグロビン（以下，deoxyHb）およびその総和である総ヘモグロビン（以下，totalHb）の相対変化量を空間的に計測するものである。NIRS によるBMI は，ダブリン市立大学の Coyle らにより，手の動作をイメージ中の運動野活動から見出され，後に Mindswitch という 2 パターンの意志判定装置も開発された。この BMI は，利き手と対側の大脳半球の一次運動野に 1 つの計測チャンネルを配置し，右手でボールを握る運動イメージ中の活動を判別することで構成されている。

　その後，テュービンゲン大学の Sitaram らは，複数チャンネルの

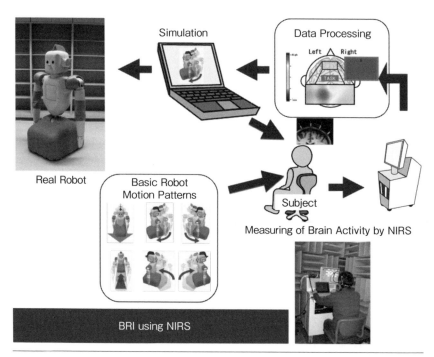

図 2-10　NIRS を用いた BMI によるロボット RI-MAN の移動操作

NIRS を用いて，右手あるいは左手の運動イメージの判別にサポートベクターマシン（Support Vector Machine：SVM）や隠れマルコフモデル（Hidden Markov Model：HMM）を応用することで，2 パターンをより高い確率で判別する可能性を示した。図 2-10 は，著者らが，NIRSを用いて人間の脳におけるロボットの動作イメージを計算機で識別して，かつシミュレーションで動作確認をしたうえでロボット RI-MANの移動を操作する実験である。

（4）Affective Computing

　第 2 節で説明したように，人間同士が交流する場合は，自然言語による音声会話や身振り手振りの動作表現および顔の表情変化によって各種感情表現をし，相手と意志伝達を行っている。このような人間の感情を人工システムに理解させて再現できるようにするために，近年，Affective Computing が研究されている。

　単語「Affective」は形容詞であり，その意味は，「感情的な，情緒的な，情動の」となっている。MIT Media Lab の Rosalind Picard 教授が1997 年に出版された著書「Affective Computing」において，人工知能を活用して人間の感情分析およびアニメや CG などの人工システムによる人間の感情模倣を提唱している。具体的には，顔の表情や音声情報，自然言語情報，そして心拍や呼吸といった生体情報を基に，人工知能による知的な処理で喜・怒・哀・楽といった人間の感情や気分，複雑な心理活動変化および人々の性格を理解し，表現することを目指している。

　Affective Computing は幅広い用途を展開できる。例えば，人間と計算機が自然言語を利用した会話で，対象者である人間の嗜好やモチベーションを把握し，より人間に合った回答やサービスを提供する。また，SNS で発信されるメディア情報を分析することで，発信者の精神状態

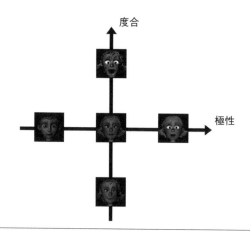

度合

極性

図 2-11

など各種の異常を早期把握し，各種事故を未然に防止し，メンタルヘルスの向上や，安心安全な社会づくりに役に立つ。さらに，電子商取引で書き込まれる各種口コミ情報より顧客による各種商品や商品の特性に対する満足度をより的確に把握し，生産メーカーにおける経営管理や新商品開発の提案，そして商品の品質向上に資することができる。あるいは，介護支援用ロボットが要介護者のニーズを正確に確認し，対人親和性を高め，要介護者にとってより快適な介護を受けることもできる。図2-11 は，人工ニューラルネットワークで生成された顔 CG の感情表現の一例である。

　Affective Computing 研究を進めるによって，人工システムによる人間への理解をより一層深めることとなり，人間と人工システムとの間の，より円滑なヒューマン・インタフェースの実現に貢献することが期待できる。

まとめ

　ヒューマン・インタフェース技術の発展によって，今までのような人間と機械だけではなく，人間と人間，人間と社会，そして人間と情報の世界との相互作用の，より一層の充実を実現できる可能性を秘めており，今後は，スマートハウスやスマートシティなどへの応用が着々と展開していくと期待できる。

参考文献

1. 田村　博 編，『ヒューマンインタフェース』(オーム社，1998).
2. D. A. ノーマン著，野島久雄訳，『誰のためのデザイン？』(新曜社，1990).
3. 吉川榮和 編著，下田　宏，仲谷善雄，丹羽雄二 共著，『ヒューマンインタフェースの心理と生理』(コロナ社，2006).
4. Rosalind Picard 著，『Affective Computing』(MIT，1997).

学習の
ヒント

1. ヒューマンエラーについて例を挙げて説明しよう。
2. ウェアラブルコンピューティング技術の課題について考察しよう。
3. BMI についてその応用の可能性を考察しよう。

3 | パーソナルデータの利活用

河口信夫

《**目標＆ポイント**》 情報技術の進展により，個人のインターネットアクセス履歴や行動履歴，属性に関わる情報（パーソナルデータ）の取得が可能になり，利用が広がりつつあるが，利便性の向上と同時に，危険性も増している。この章では，パーソナルデータの活用によって得られる利便性や，情報銀行に代表される活用検討の状況，ソーシャルネットワークによって生まれる新しいコミュニケーション手段，クラウドソーシングと呼ばれる作業分担手法について述べる。

《**キーワード**》 個人情報，パーソナルデータ，匿名化，GDPR

1. 個人情報とパーソナルデータ

2017年に全面施行された改正個人情報保護法により，個人情報の定義が明確化された。これは，情報技術の進展により，個人情報の保護の重要性が高まったと同時に，パーソナルデータの利活用が社会的に求められていることが要因である。この法律では，個人情報とは「生存する特定の個人を識別できる情報」と定義され，氏名や生年月日だけでなく，指紋や虹彩といった生体情報や個人識別符号などが含まれる。

一方，パーソナルデータには，個人情報に加え，個人が特定されていないインターネットのアクセス履歴や商品の購入履歴，位置情報履歴なども含まれる。これらの履歴は，個人によっては，他人に知られたくないプライバシーに関わる情報となるため，何らかの保護が必要となる。図3-1にこれらの関係を示す。ここで，パーソナルデータの利用でプラ

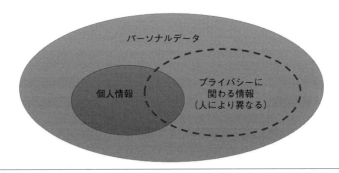

図3-1　個人情報・パーソナルデータ・プライバシーに関わる情報の関係

イバシーが問題になるのは，個人情報と紐づけされた場合である。

　改正個人情報保護法では，パーソナルデータを活用するため，個人を識別できないように加工した情報を「匿名加工情報」と呼ぶ。匿名加工情報を事業者が作成したり，第三者に提供するときには，インターネットの利用などを通じて，匿名加工情報に含まれる情報の項目，およびその提供の方法について公表が必要である。実際に「匿名加工情報の作成・第三者提供について」というキーワードで，インターネットを検索してみれば，多くの事例が存在することを確認できるはずである。

（1）パーソナルデータの利活用

　改正前の個人情報保護法では，グレーゾーンであった匿名加工情報の活用が可能になったため，さまざまな利活用が進みつつある。実際，インターネットに公表されている情報を確認してみると，表3-1に示す匿名加工情報の事例がすでに存在している。

　これらの事例からわかるように，すでに，さまざまな事業分野において，パーソナルデータを活用した活動が広がりつつあることがわかる。一方，匿名化されてしまったデータでは，個人に対して適切なサービス

表 3-1　匿名加工情報の作成事例（順不同）

匿名化した事業者	個人に関する項目	利用目的
医薬品事業者	疾病名・薬物治療の有無・病状評価尺度・薬剤名等	医学・薬学に関する研究支援等
経営情報事業者	個人事業主の債権情報等	信用モデルの構築等
医療情報システム開発事業者	健診項目，問診項目，アンケート，診療情報等	医療・健康ソリューションの開発
物流事業者	運転手の測定値，車載機器からのセンシング情報等	安全運行管理システム構築
健康情報システム事業者	レセプトデータ，健診データ，ライフログデータ等	商品・サービス開発およびマーケティングのための調査，統計，分析等
医療事業者（病院）	郵便番号（3 桁），年齢，保険者番号（運営主体），レセプトデータ等	包括医療費支払い制度（DPC）の影響評価および今後の制度の見直し
新聞・出版・デジタルサービス事業者	性別・年齢・業種・役職・入退会年月・居住都道府県・サービス利用状況等	サービスや広告等の利便性向上，サービスの研究開発
クレジットカード事業者	性別・年齢・都道府県・カード利用月，利用金額，利用店舗	統計化情報を作成するため
補聴器事業者	聴力データ，補聴器フィッティング情報	よりよい補聴器・サービス開発のため

を推薦することができない。そこで，個人の同意のもとで，パーソナルデータを活用する枠組みの構築が期待されている。その 1 つが情報銀行である。

（2）パーソナルデータの所有者と情報銀行のコンセプト

　パーソナルデータの所有者は誰か，という議論がある。かつては，データを収集した事業者のもの，と考えられていたが，現在では，パーソナルデータは，その個人にも所有権がある，という考え方が主流にな

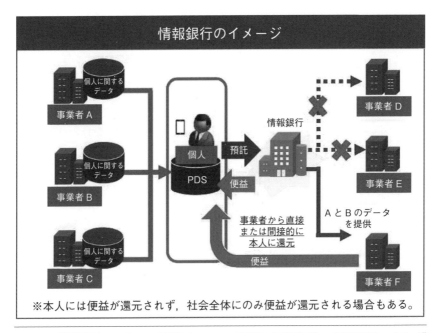

図 3-2　情報銀行のイメージ図（AI, IoT 時代におけるデータ活用ワーキング
グループ中間とりまとめの概要：内閣官房 IT 総合戦略室）
（https://www.kantei.go.jp/jp/singi/it2/senmon_bunka/data_ryutsu
seibi/dai2/siryou1.pdf）

りつつある。例えば，病院に保存されているカルテ（診療記録）は，病
院だけのものではなく，患者のものでもある。個人情報保護法では，個
人情報を扱う事業者に対し，本人からの開示請求により，保有個人デー
タの開示義務が定められている。一方，本人の同意を得ることなく個人
情報取扱事業者が第三者に個人データを提供することは，その公表と個
人情報保護委員会への届出，およびオプトアウト（個人データの第三者
への提供停止）手段の提供によって，法的に可能となっている。個人情
報保護委員会の Web サイトからは「オプトアウト届出書」を検索する

ことが可能になっている。興味がある方はぜひ確認してみてほしい。2019年3月現在では，すでに180件を超える届出書が提出されている。

　パーソナルデータの利活用をより進めるためには，個人に代わってデータを管理する仕組みが必要と考えられている。図に示すように，さまざまな事業者によって取得された個人データを集約して保存する仕組みは Personal Data Store（PDS）と呼ばれるが，ここにあるデータを一人ひとりが事業者と直接やりとりすることは困難である。そこで，このデータを信託して預ける先として「情報銀行」というコンセプトが考えられている。情報銀行に個人データを預けることにより，何らかの便益を得ることができると同時に，個人の希望する形で，他の事業者に個人データを提供することが可能になる。また，必要に応じて，提供をやめることもできるようになることが期待されている。

（3）欧州連合の一般データ保護規則（GDPR）

　2018年5月25日に，欧州連合（EU）は新しい個人情報保護の枠組みとして「一般データ保護規則（General Data Protection Regulation：GDPR）」を施行した。日本の事業者でも EU と取引を行う場合は考慮すべき内容であり，違反すると多額の制裁金が課される可能性がある。GDPR では，日本の個人情報保護法よりも広く「個人データ」の定義を行っており，IP アドレスや Cookie（後述），Web アクセス履歴なども含め，個人が関わるパーソナルデータすべてを対象としている。例えば，Web ページにアクセスした際に，利用者の情報を一時的に保存する仕組みとして Cookie と呼ばれる情報がある。この情報を用いて Web ページの運営者は，再アクセスした際に利用者の履歴を利用できる。GDPR ではこの Cookie を個人データとみなすため，利用者に対し明確な同意が必要になる。2018年5月以降，多くの Web ページで Cookie

の利用に関する同意が表示されるようになったのは，この対策のためである。GDPRへの対応は，これだけでなく，個人データをEUの国境を越えて移動させる際にも考慮が必要となる。また，GDPRでは，個人データを扱うシステムを構築する場合には，Privacy by Design と Privacy by Default を考慮する必要があると規定している。Privacy by Design には，以下の7つの基本原則が存在する。

1. リアクティブでなく，プロアクティブ，予防的に
2. デフォルト設定としてのプライバシー
3. 設計時にプライバシーを組み込む
4. 全機能性：ゼロサムではなく，ポジティブサム
5. エンドツーエンドのセキュリティ：ライフサイクル保護
6. 可視性と透明性：オープン性の担保
7. ユーザープライバシーの重視：ユーザー中心に

　これからの情報システム開発では，上記の原則を意識することが重要である。

2．ソーシャルメディアの危険性

　インターネットの普及と共に，ソーシャルメディアと呼ばれるさまざまなサービスが普及しはじめている。パソコンやスマートフォンにより，仮想的なソーシャルネットワークを通じて，誰もが手軽にさまざまな情報交換を行うようになりつつある。現実の世界の関係をネットワークに持ち込むだけでなく，現実では出会うことのない人とのつながりが生まれ，新しい情報の獲得やコミュニケーションが始まっている。しかし，SNSには利便性だけではなく，記載された内容が間違っていたり，

個人情報がさらされたりするなどの危険性も存在する。投稿したデータも一種のパーソナルデータであり，その内容によっては大きな問題になることに注意されたい。

（1）ソーシャルネットワーキングサービス

　ソーシャルネットワーキングサービス（Social Networking Service：SNS）は，社会的な人間関係をインターネット上にも持ち込んだものといえる。情報を追加すると，設定された範囲の知人の間で共有する仕組みを提供している。現実の世界での知り合いとのつながりだけでなく，現実とは違う形でのつながりを実現することもある。

　ネットワーク上での知人・友人関係を通じて，食事の記録であったり，旅行であったり，感動した本，記事など，さまざまな情報を交換できる。従来の一方通行であったインターネットに対し，「いいね！」などのクリックだけで返答ができる仕組みがあり，双方向性も導入されている。共通の趣味や話題を対象としたグループ間でのコミュニケーション機能や，他のインターネットリンクを紹介する機能などが充実しているため，自分でインターネットをブラウズするよりも，SNS をブラウズしていたほうが，自分の知り合いが評価した記事や情報が入手できるため，情報の価値が高く，よい情報の収集コストが安くなる。

　代表的な SNS に Facebook や，短文投稿が中心となる Twitter，写真を中心とした Instagram，動画を交換する TikTok などが存在する。これらの SNS では，フォローという仕組みで関心のある人の投稿を購読することが可能で，フォロワーの数がその人の影響力の大きさを示すことになる。Twitter では，リツイート（他人の発言を，引用してあらためてツイートすること）や，メンション（他人のアカウントを@を先頭につけて示す），ハッシュタグ（# を先頭につけ，ツイートの性質を簡

単に示す）といった運用ノウハウが利用者から生まれ，多様な利用可能生が広がりつつある。

　SNS には，匿名サービスと本名サービスが存在する。SNS への投稿は，個人性が強いため，たとえ匿名であってもさまざまな投稿を続けるうちに本人の特性が出てしまうことがある。また，アップロードする写真に写り込んだ風景や店舗名，位置情報タグなどを通じて生活圏を特定され，制服などから学校が推定されることもあり得る。そのため，SNSで完全な匿名性を維持するのは難しいと考えておくのが望ましい。

　また，一日中 SNS を触り続けてしまうような中毒になったりする問題点もある。SNS 中毒になると，現実に人と会っていても，SNS を通じた他の人の行動やメッセージが気になり，ついついスマートフォンなどをのぞいてしまい，目の前の人とのコミュニケーションができなくなってしまう。こういった問題から，飲み会ではスマートフォンを一箇所に集めて利用を禁止する，といった動きも出ている。

（2）SNS の課題

　2011 年 3 月 11 日の東日本大震災では，Twitter を通じて，救助の呼びかけや，安否確認，避難物資の不足等が伝えられ，また著名人を通じてリツイートされ，その速報性や応用範囲の広さから，その有効性が改めて認識された。一方，古い情報や謝った情報，さらにはデマの情報までもがリツイートされ，情報の正しさをどのように確認すればよいのか，といった課題も明らかになった。最近では災害時における Twitterの有効性も広く知られ "#救助" タグの利用などが推奨されている。

　ここでは，特にデマツイートを取り上げる。実際に，2012 年 12 月 7日の地震の際には，「リツイートしてください。地震で家が崩れ外にで

られません。がれきの中に閉じ込められています。救助をよんでくださ
い」といった内容のツイートが震災直後に広まり，1万回以上リツイー
トされる，という事態が発生した。東日本大震災のときにも「地震が起
きた時，社内サーバルームにいたのだが，ラックが倒壊した。腹部を潰
され，血が流れている。痛い，誰か助けてくれ。」といった内容のツ
イートもあった。これも多数リツイートされ，実際に消防への連絡など
が行われた。これは，情報の正確さよりも，人命が重要と判断した多く
の人の善意が，結果的に状況を悪くした例である。最近では，デマツ
イートの存在も広く知られるようになっており，安易なリツイートも批
判されるようになりつつある。すなわち，善意であっても，真偽を確か
めずにリツイートするのは，リツイートした人にも責任があるため，細
心の注意が必要である。

（3）バカッター／バイトテロ

　安易にふざけて自慢などをしたいがために，非常識な行為をして，そ
れをツイッター上で写真などと共に広めたため，結果的に自分にとって
不利益が生じるといった事例がある。いわゆる「バカッター」と呼ばれ
る事例である。実際に，コンビニエンスストアのアイスクリームの陳列
用の冷凍庫の中に入って写真を撮り，結果的に，コンビニエンスストア
が閉店に追い込まれたり，飲食店で食材を不適切に扱う写真を撮影した
り，また，医療関係の専門学校生が，実習で使った臓器の写真を撮影し
てネットに流したりといった問題が発生している。飲食チェーンでは，
大きな風評被害につながりえるため「バイトテロ」とも呼ばれている。
　ツイッターアカウントは，匿名でも取得できるため，写真に顔がのっ
ていなければ，個人は特定されないと考えて安易にこのような行為に及
んでしまう場合がある。しかし，SNSの節で書いたように長く使った

アカウントには，さまざまな個人を特定する情報が含まれており，匿名を維持することは困難である。結果として，アルバイトを失い，巨額な損害賠償請求や，学校を退学するなどといった形として，そのような行為を行った自分に責任が跳ね返ってくることになる。

　このようなバカッターやバイトテロが収まらない理由は，SNS が世界に開かれた「インターネット」上のツールであることを認識しておらず，自分の身の回りで限られたユーザーが利用する単なる口コミツールとして使っている，ということが原因であろう。インターネットや SNS に関するリテラシー教育が重要である。

3．クラウドソーシングの広がり

　インターネットを通じて交換できるのは，パーソナルデータだけでなく，ネット上で作業を委託して，大規模な作業を行う，という枠組みも広がりつつある。

（1）クラウドソーシングの登場

　クラウドソーシング（Crowdsourcing）は，WIRED の記者であった Jeff Howe が，2006 年に彼の記事「The Rise of Crowdsourcing」で作った造語である。クラウドソーシングは，アウトソーシングのように単に会社の業務を外部に委託するのではなく，業務を不特定の民衆（Crowd）に依頼する，という枠組みである。同じ「クラウド」でも，いわゆるクラウドコンピューティング（Cloud Computing）は「雲」のクラウドで，クラウドソーシングは「群衆・民衆」を意味するクラウドであることに注意されたい。

（2）さまざまなクラウドソーシング

　クラウドソーシングには，無償だけでなく，対価を支払うことを前提としたものも数多く存在する。筆頭に上げるべきなのは，Amazon の Mechanical Turk（https://www.mturk.com/）であろう。そもそもは Amazon 内の Web ページのチェックを行うためのシステムであったが，2005 年から外部に公開され，非常に低い単価で大量の単純な仕事を依頼できる枠組みを提供してきた。Amazon によれば，50 万人以上の米国やインドのワーカーが登録されており，毎日数十万タスクが処理されている。クラウドソーシングの利用は世界に広がっており，ドイツには 150 万人のワーカーを有する ClickWorker（http://www.clickworker.com/en/），中国には 1900 万人のワーカーを有する猪八戒（http://www.zbj.com/）が存在する。日本でも，同じようなシステムとして 2013 年 1 月より「Yahoo! クラウドソーシング」が開始されている。また，より専門性に特化した有償のクラウドソーシングも存在している。特にロゴやグラフィックデザインの分野で広く利用されており，日本では「Lancers」「クラウドワークス」「Job-Hub」などが存在する。クラウドソーシングを使うことにより，これまでは簡単には実現できなかった大量の作業の処理も可能になる。また，個人の優秀なワーカーが，クラウドソーシングサービスを通じて，適切な仕事を得られるようになりつつある。

（3）クラウドソーシングによる大規模データ収集

　クラウドソーシングを活用すると，これまでは不可能であった大量のデータ収集が可能になる。このような手法は「参加型センシング」ともいわれ，ユーザーの参加によって，大量のデータの収集が可能である。名古屋大学/Lisra（位置情報サービス研究機構）などが運用している

「駅.Locky」では，日本全国の駅の時刻表情報を，各ユーザーの貢献によって収集している。現時点では，全国で 1 万を超える（カバー率 99％以上）駅の時刻表が収集できている。

　そのほかにも，街の騒音センシングや明るさセンシングを「参加型センシング」で実現している例も存在する。この分野では工夫次第で，さまざまなデータを集めることができるため，将来性が期待できる。

まとめ

　本章では，個人情報保護や，パーソナルデータの利活用，さらに，情報銀行や GDPR について解説した。また，ソーシャルネットワークを通じてインターネットの危険性を説明した。インターネットを使うことにより，個人の能力が大きく拡大されると同時に，安直な利用には，逆にネガティブな要素も存在することに注意していただきたい。また，クラウドソーシングのように，ネットワークが存在しなければ，低コストで実現不可能な情報収集が簡単に可能になりつつあることも，ぜひ認識し，その活用を考えてみてほしい。

学習の
ヒント

1. パーソナルデータの活用事例について例を挙げよ。
2. ソーシャルネットワーキングにおける危険性について述べよ。
3. クラウドソーシングとクラウドコンピューティングの違いについて述べよ。

4 | 医療・健康と社会福祉

羅　志偉

《**目標＆ポイント**》　近年，医療，健康と福祉の分野で，情報技術の応用が著しく展開してきている。本章では，これらの分野における各種情報技術のシステム構成，基本的な機能と最新の技術開発例を紹介し，超少子高齢化に備えるための今後の技術発展の可能性と課題について考察する。

《**キーワード**》　電子カルテ，運動計測と解析，健康，福祉用具，地域医療連携，医療と保健・福祉との連携

1. 高度な医療を支える情報技術

（1）医療情報システムの基本構成

　医療技術の進歩に伴い，病院や診療所などで，患者の検査，診断，治療と看護など，各フェーズにおいてさまざまな情報技術が活用されるようになってきている。図4-1に示すように，一般的な病院情報システムHIS（Hospital Information System）において中核的な役割を果たしている基幹システムは，電子カルテシステムEMR（Electronic Medical Record）である。保健医療福祉情報システム工業会（JAHIS）の段階的定義によれば，電子カルテシステムはその実用的レベルによって5段階に定められている。すなわち，

〔レベル1〕　病院の各部門内において電子化された患者情報を扱うレベル。具体的には，検査情報システム，放射線情報システム（RIS），画像保存通信システム（PACS）などが挙げられる。

〔レベル2〕　病院の各部門をまたがる電子化された患者情報を扱うレベ

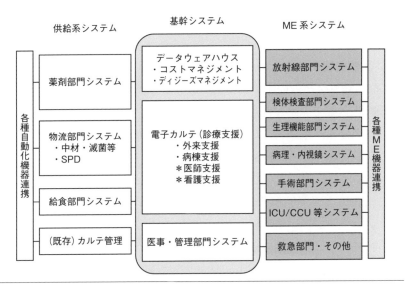

供給系システム　　基幹システム　　ME 系システム

データウェアハウス
・コストマネジメント
・ディジーズマネジメント

薬剤部門システム

放射線部門システム

検体検査部門システム

生理機能部門システム

物流部門システム
・中材・滅菌等
・SPD

電子カルテ（診療支援）
・外来支援
・病棟支援
＊医師支援
＊看護支援

病理・内視鏡システム

手術部門システム

給食部門システム

ICU/CCU 等システム

（既存）カルテ管理

医事・管理部門システム

救急部門・その他

各種自動化機器連携

各種ME機器連携

図 4-1　電子カルテシステム構成概念（JAHIS レベル 3）

ル。例えば，部門間でのオーダーエントリーシステムや，HIS における
PACS の利用などが挙げられる。

〔レベル 3〕　一医療機関内における患者情報を扱うレベル。このレベル
では，例として図 4-1 に示す電子カルテがある。

〔レベル 4〕　複数の医療機関をまたがる患者情報を扱うレベル。すなわ
ち，地域医療ネットワークシステムや病院間での患者情報交換などであ
る。

〔レベル 5〕　医療情報のみならず保健や福祉情報も扱うレベル。

　こうした医療情報システムの活用によって，医療の質的向上，医療
サービスの向上，医療の透明性，医科学レベルの向上から，患者サービ
スの向上，医療コストの抑制，病院経営の効率化まで，幅広く効果が期

待される。

（2）医療情報システムの各種情報

医療情報システムの中で具体的に取り扱う医療情報として，

① 診療過程で発生した患者個別の情報

② 医療施設，地域あるいは国レベルでの疾病・医療に関する情報

③ 伝達的価値が高い診断・治療に関する医学知識

などが挙げられ，これらの医療情報の特性として，

① 情報の表現形態が非常に多種多様であること，すなわち医療情報
のマルチメディア性

② 情報の意味論的階層が広いこと

③ プライバシー保護，セキュリティへの要求が高いこと

が挙げられる。

（3）医療情報の分類

医療情報の形態的分類では，まず表現形態による分類から，コード情報，数値情報，音情報，テキスト・概念情報，図名・波形情報，画像情報，知識情報がある。媒体による分類では，アナログ医療情報とデジタル医療情報が含まれる。一方，医療情報の意味論的な分類では，患者個別的医療情報，すなわち，生体情報，症候的情報，判断的情報，そして診療施設，地域と国レベルの医療情報，また，医学/医療知識がある。これらの医療情報の保存期間として，診療録５年，処方箋３年，そして，その他の医療記録２年が法的に定められている。さらに，医療情報の利用形態として，一次利用，すなわち，本来の目的である患者の診断，治療の目的に利用すること，また二次利用，すなわち，臨床医学の研究など本来の目的以外で利用することと分類されている。

２．医療情報システムの各種機能

　本節では，上述した医療情報システムにおける代表的な各部分システムの機能について，具体的な医療業務の流れに合わせて簡単に紹介する。

（１）診療部門システム

　まず，診療部門システムにおける診療情報として，
① 医療専門職の思考過程と行為過程の情報。すなわち，医療行為を行ううえで必要な情報収集，整理統合，判断，意思決定，評価過程の記録媒体
② すべての医療専門職が閲覧できるチーム医療の媒体
③ 情報開示のための媒体
④ 診療行為の社会的証拠および病院管理の原資料
⑤ 学術利用のための原資料
⑥ 社会的安全と医療政策立案の原資料。すなわち，薬害対策，事故防止などの社会安全対策，がん対策や成人病予防資料
が挙げられる。

　診療情報の利用には，患者の知る権利，情報の流れをコントロールする権利，一次利用における直接，間接的に患者の利益に結びつく利用と二次利用における社会の福祉目的に利用することに配慮する必要がある。ここで，以下に示す各種の違いを考慮する必要がある。

　具体的には，
① 診療形態による違い。
　例えば，外来診療，入院診療と在宅訪問診療があり，外来診療では，多数の患者を短時間に診察することが必要で，簡潔な操作性，外来の断続的な病歴照会が重要である。

② 施設機能による違い。

例えば，一般病院，療養型病院，精神病院，国立がん研究センター，国立循環器病研究センター，大学病院，教育・研修病院，プライマリケアを行う診療所，老人保健施設の介護医療，訪問医療

③ 診療科目による違い。

複数患者の診察や患者確認とデータ入力操作の利便性，患者の待ち時間の短縮，患者への情報提供，正しい服薬指示，処方箋の提供，入院診療における情報の継続性，外来情報システムからの情報の連続性，入院に至る経過要約や問題リスト，診療計画の初期情報入力

④ 急性期医療と慢性期医療による違い。

診療情報は重症度が高いほど情報の発生頻度，密度が高くなる。急性期医療では，急激な病状変化に対処するため処置変更が頻繁であり，情報の欠落，伝達の遅延，確認の欠落がトラブルの要因となり，時間制約が大きい。プロセスの雛形（クリニカルパス）を導入し，カレンダー形式に表示して，項目の追加と変更がある。

　一方，慢性期医療では病状の推移が緩慢であり，内容が定型化されることが挙げられる。診療情報の表示単位として，急性期では 24 時間単位，慢性期では週単位であり，表示内容は診療科によっても異なる。

したがって，診療部門システムとして，

1) 目的思考型操作性

すなわち，Plan-Do-See ではなく，逆の See-Do-Plan であること。

2) 目的別の検索性

情報をさまざまな軸で展開参照できること。

3) 伝達様式の共通性

他医療機関との情報連携のためにも，標準的なデータ形式を使用す

ること。

4) 情報アクセスの管理

が要求される。

（2）臨床検査システムと放射線部門システム

一方，臨床検査システムについては，検体検査システムの基本的な機能は，① 検査依頼情報機能と，② 検査受付処理機能であり，外来患者の検査はリアルタイムに会計情報の処理に反映させる必要がある。検体にはよくバーコードラベルが利用される。また，③ 検体検査業務機能は，検体受付，データ収集，精度管理，結果の報告，検査統計とその他の業務，例えば，検査診断薬や検査材料の在庫管理が必要である。

生理検査システムの基本的な機能において，生理検査は予約検査が多いことや，検査結果は画像や波形を多く含み，ファイリングシステムが多く導入されていることがある。例として，心電図検査，呼吸機能検査と超音波検査がある。

臨床検査システムの安全管理対策として，臨床検査データは再現できない貴重なデータであり，データの改ざんや消失を防止する必要があることから，データの 1) ハード面では二重化，2) セキュリティ面ではシステムのアクセス管理と，外部システムとの接続時のファイアーウォールの構築，情報のマスター化とテーブル管理が重要である。

また，放射線部門システムについて，RIS 放射線診療情報システムや，PACS 医用画像保管通信システムがあり，HIS との接続，画像表示のレスポンス短縮およびフィルムレス画像保管の問題解決が要求され，放射線診断医のコンセンサスが必要である。ここでの標準規格として，DICOM（Digital Imaging and COmmunication in Medicine）の採用が多く見られる。

（3）看護部門システム

　看護部門システムは，看護業務の合理化を目指して以下の各機能が必要である。

　① 看護管理機能では，看護勤務表の作成，看護職員情報管理システムなど，職員の経験と技量に応じた適正かつ公平な勤務管理が要求される。

　② 看護業務支援機能では，医師の指示に基づく診療の補助業務，指示の転記による情報の欠落とミスの防止，要する時間の短縮，医師のオーダーを入力し，看護ワークシートに出力などがある。

　③ 患者看護機能では，看護過程のすべてのプロセスから収集できるデータを蓄積し，活用することを支援する。標準看護計画，看護診断のシステム化，クリニカルパスの応用がある。

　④ ベッドサイドケア支援機能では，携帯端末による患者看護支援や，初期にはバイタルサインのデータ入力，最近では薬や検査結果の照会，今後はリスクマネジメントの支援，患者 ID 化，バーコード付きのリストバンドの利用など患者取り違えの安全管理，責任の所在のアリバイ管理がある。さらに，

　⑤ 地域看護における情報システムの機能では，訪問看護ステーションにおける IT 化が活発化している。訪問看護で発生する問題点が多く，各種報告書作成の負担が重く，利用者情報をスタッフ全員で共有することが難しいことなどが考えられる。看護のシステム化に重要な役割を果たす今後の取り組みとして，ヒューマン・インタフェースの発展により簡便で正確な入力ができること，例えば，ライトペン，タッチパネル，マウス，バーコードスキャンなどの利用が有効であろう。

（4）薬剤部門システム

　薬剤部門システムについては，調剤業務を支援する自動化機器や，薬歴管理，医薬品と処方情報の一致チェック機能が重要である。

　① 処方チェック機能では，一般に2文字以下での検索では選択エラーが多い。3文字以上で検索することや，医薬品の選択と患者の疾患の適合，特定の疾患に罹患している患者に使用禁止されている薬剤のチェック，そして添付文書に記載の検査実施や分量の制限チェック，適宜増量の場合の症状詳記があり，用法として，服用回数，服用時期，外用の場合は使用部位と使用方法，また用量として，投与総量，投与日数や投与回数（注射剤）などが重要な項目である。

　② 薬袋作成機能では，一回量を袋に記載し，薬品名，適応症，副作用などの表示，調剤したもの，錠剤の粉砕はその旨の説明が必要である。

　③ 散剤鑑査機能で，散剤瓶のバーコード照合，分量と用量から計算された必要な量と秤取された量とをチェックする。

　④ 薬品情報提供機能では，患者に調剤した医薬品に関する情報提供や医薬品名，服用時期と服用量，効能，副作用，服用上の注意，画像情報を表示した一覧表などが挙げられる。

　⑤ 薬剤管理指導業務支援機能では，入院患者に対して処方された医薬品をカレンダー形式で表示する薬歴管と注射剤を含めた薬品情報提供書を作成するとともに，服薬指導内容を記録する必要がある。

　現状として，以上で説明した各種医療情報について，その運用は，単に医療業務の管理に用いられているケースが多く，病院で集めたデータを患者の疾患に対する的確な診断や最適な治療処方の策定支援，手術の訓練と支援，そしてエビデンスベースのリハビリテーションに十分に利活用できているとは言い難い。近年，人工知能の発展で，こうした大量の医療情報の利活用が可能になりつつある。また，大量に発表されてい

る医学・生命科学研究資料に対するデータマイニングや，ソーシャルメ
ディアを利用して発信される患者自身の疾患治療に関わる体験談や日常
生活の状況などの情報と有効に統合させることで，より的確な診断，治
療と予知・予防，そして健康増進に資することが期待できる。

3. 医療・健康と福祉を支える情報技術の展開

（1）医療情報システムの標準化，知能化と高度化

　社会の変化に応じて，医療情報システムのさらなる発展を促すために
は，医療情報の標準化を図ることが必要不可欠である。

　具体的には，

① 医療情報の交換規約（プロトコル）の標準化，すなわち

- 交換する医療情報のデータ項目
- 氏名，生年月日，検査項目，検査結果
- データ項目ごとの記載ルール
- 氏名は，姓，名，ミドルネーム
- 交換メッセージの形式
- 依頼情報に含む項目，結果情報に含む項目

などがある。

② 用語・コードの標準化

- 用語については，例えば，GAMMA-GTP と γ-GTP と統一させる
  こと
- コードについては医事コード，物品コード，そして両者の連携

がある。

③ フォーマットの標準化

- 例えば，画像フォーマット，DICOM フォーマット，JPEG，BMP
- また，波形フォーマット，例えば心電図，脳波計

などが挙げられる。

　こうした標準化によって，初めて地域医療連携や，医療と保健，福祉との連携，そして，国際医療への展開が期待できる。

　近年における人工知能技術，ビッグデータ技術の急速の発展で，医療情報システムの知能化が一段と図られるようになってきている。人工知能を活用した迅速で正確な診断や，患者個人個人の特徴を考慮した最適な治療方針の策定，そして病院全体の最適管理など，医療の質的向上が期待される。

　また，ICT や IoT 技術やブロックチェーンなどの情報技術で，災害に強い医療サービスの実現や患者サービスのスマート化が一層図られるようになってきている。特に生物学分野で莫大な生物科学データベースが構築されつつあり，臨床医療データと統合して利用することにより，診断や治療，そして予知，予防の斬新な道が切り開かれることが期待される。

（2）健康を支える情報技術

　日常生活において，私たちの生活習慣や食事，運動，社会における対人関係，そして生活環境などが健康に大きく影響している。

　運動トレーニングについて，運動計測と解析を基にしてより科学的な運動効果の実現や適切な運動量の管理と運動効果に対する評価ができつつある。

　図 4-2，図 4-3 に，全身運動を行うときの運動計測と運動解析システムを示している。

　このシステムを用いると，運動中の身体の各関節の角度変化を計測でき，計測された身体運動情報から動力学運動解析を行うことで，正確に各関節が発生するトルクや各筋肉の働きを定量的に把握することができ

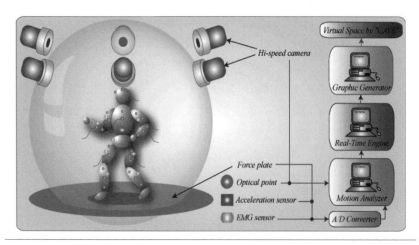

図 4-2　3 次元身体運動計測システム

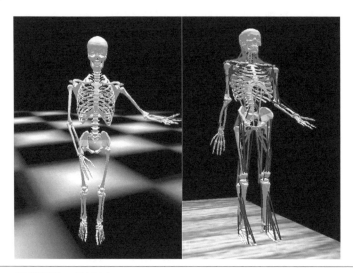

図 4-3　運動解析の結果例

図 4-4　車椅子の安全安心な利用による生活空間の広がり

る。

　一方，近年ウェアラブル生体センサが開発され，健康サービスが誕生してきている。こうした技術の進歩により日常生活における健康運動管理や健康食生活管理と合わせて，より自主的な健康増進が期待される。

（3）超少子高齢社会の福祉を支える情報技術

　社会福祉について，福祉用具を中心に各種福祉サービスが各職種の連携で展開されてきている。平成 5 年に施行された「福祉用具の研究開発及び普及の促進に関する法律」（略称：「福祉用具法」）では，福祉用具を「心身の機能が低下し，日常生活を営むのに支障のある高齢者または心身障害者の日常生活上の便宜を図るための用具及びこれらの者の機能訓練のための用具ならびに補装具をいう」（第 2 条）と規定されている。また，平成 12 年に施行された「介護保険法」では，福祉用具について「心身の機能が低下し日常生活を営むのに支障がある要介護者等の日常生活上の便宜を図るための用具及び要介護者等の機能訓練のための用具であって，要介護者等の日常生活の自立を助けるためのものをいう」（第 8 条第 12 項）と規定している。このように，高齢者または心身障碍

者の日常生活における利便性を高めることや，各種身体機能の訓練，そして生活の自立を促すことは福祉用具の使用目的（図4-4）とされている。

この目的に沿って，福祉用具の研究開発，臨床試験，標準化・規格化，製造，流通，販売，運用と調整などの各段階において，利用者の人格・尊厳尊重を第一に，利用者中心の見地から，定量的で明確な評価が確立されることが重要であろう。ここでも情報技術が大いに活用されている。

各種評価にあたって，

① 福祉用具の効果

② 利便性と利用者の身体的・心理的な受容性

③ 安全性・信頼性

を重視して，利用者の主観的感覚と客観的なエビデンスを総合的に配慮して行うべきである。

まず，① の福祉用具の効果については，利用者が実際に福祉用具を利用することによって生活の質や，生活活動範囲，そして生活の自立度がどれくらい改善，拡大されたか？　介護作業がどれくらい負荷軽減されかつ効率化につなげられたか？　を主観と客観の両面から明確にするべきである。そして，福祉用具を利用することによる身体機能の補助や，訓練・回復と増進，転倒など各種事故の未然防止に対する効果も評価する必要がある。

② の福祉用具の利便性，受容性については，用具の製品情報の提供，入手方式，選択や購入，実際の使用における個人の身体特性，認知機能レベル，生活環境（在宅，または施設利用）と生活スタイルに応じた調整，変更，修理，そして，利用者（障碍者，要介護者または介護者）の使いやすさ，利用方法の説明・表示のわかりやすさと使い心地を重視す

る必要がある。

　また，③の福祉用具の安全性・信頼性評価に関しては，用具の工学的欠陥だけでなく，利用者の誤操作や用具との不適合に起因する事故や，用具の性能劣化，清潔さ，用具への過度な依存に由来する身体機能の退化や生活自立能力の退化を配慮する必要がある。

　一方，利用者から見た評価，介助者から見た評価，そして用具の評価および制度・供給システムについての評価も，全般的に情報技術での情報の共有で連携を促進することが大切である。福祉用具に関する評価の現状では，SG，JIS と ISO など，主に工学的な立場から評価・標準化が図られている。一方，福祉用具の臨床試験システムの確立や福祉用具サービスに関わる各関係者の連携が重要な課題となっており，今後は，さらに生活支援や使用者の状況変化，身体機能の生理的・心理的特性とその変化もエビデンスとして明確化して評価に取り入れる必要がある。

　さらに，高齢化の進展に伴って，福祉用具を取り巻く社会福祉のあり方や，産業化や社会経済との相乗効果をも視野に入れて健全な超高齢社会における社会福祉改革を促すことも必要不可欠であろう。そのためには，産・学・官の挙動体制を構築し，介護福祉における予知，予防の重要性を再認識する必要があり，障碍者・高齢者の生活と介護に関わる情報技術やリハビリテーションに活用される情報技術の発展を期待する。

まとめ

　医療情報システムの基本構成，医療情報の分類，各部門システムの基本機能，そして，医療情報システムの標準化について説明した。また，これからの健康と福祉，社会安全を支えるための情報技術開発について紹介した。

参考文献

1. 医療情報システム編，『新版医療情報』（篠原出版新社，第 2 版，2013）．
2. 羅志偉，豊かな高齢社会を支える健康工学イノベーション，「システム/制御/情報」第 57 巻第 1 号「医療福祉ニーズに応えるシステム制御情報技術」特集号（2013）．

**学習の
ヒント**

1. 保健医療福祉情報システム工業会（JAHIS）の段階的定義で，医療情報システムをレベル 3 からレベル 4 に上げるためには，具体的に何を行う必要があるのか。
2. 医療情報の特性は何であるか。
3. 健康・福祉における情報技術の応用について，例を挙げて考察しよう。

5 | 生活健康情報

片桐祥雅・川原靖弘

《**目標＆ポイント**》 本章では，未病のための健康情報をいかに活用できるかを学ぶ。具体的には，さまざまな疾患の元栓となる細胞の変性を踏まえつつ，簡易生体情報機器を利用してどこまで健康情報を取得できるかを学ぶ。最後に，認知症を事例に先端医学による診断および治療の現状を紹介するとともに，認知症に対して日常生活のなかで自ら実践できる予防策を疾患の細胞メカニズムに立ち返って考察する。

《**キーワード**》 ウェアラブル生体情報センサ，ストレス，免疫，医療クラウド，災害医療，トリアージ，ドクターアンビュランス

1. 病気のメカニズム

　がん，脳卒中，心不全は，依然として疾患が関連する主要な死因であり，健康長寿を実現するためそれらを回避するための未病法の探索的研究が精力的に進められている。

　疾患が発現するメカニズムの基盤の１つに，「細胞老化説」がある。図 5-1 は，老化に伴うミトコンドリア機能障害発現メカニズムを，抗老化遺伝子を中心とする SIRT1-AMPK 軸で説明したものである。老化に伴い補酵素ニコチンアミドアデニンジヌクレオチド（NAD+）の産生が低下することでミトコンドリアの生合成増強にかかわる転写因子 PGC-1α（PPARγ coactivator 1α）が低下することを示す。PGC-1α の低下は同時に抗老化遺伝子 SIRT1 の機能低下を意味するものであり，NF-κB（炎症にかかわる転写因子）の発現状態により炎症が誘導され

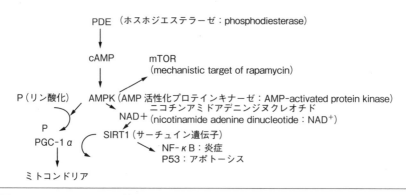

図 5-1　SIRT1-AMPK 軸

る。こうしたメカニズムが多くの重篤な慢性疾患の基盤にある。

　この SIRT1-AMPK 軸を中心に未病のための有効な方策はなにか—という問題を考えると，結局のところ過剰なエネルギー代謝を抑制することであり，ミトコンドリア活性状態はその 1 つの目安となるものである。このために求められるものは，SIRT1-AMPK 軸を医薬品で維持するのではなく，運動や過剰なグルコース摂取による SIRT1 遺伝子機能の障害を生活習慣により防止することであると考えられている。

2．自分で測る健康状態

　疾病の生じるメカニズムが次第に明らかになってきている現代において，未病のための生活習慣を得るためには，日常生活空間の中で自分の健康情報をいかに客観的に把握することができるか，といった健康の自己管理が重要となってくる。そのためのツールとして，従来家庭用の医療機器としては，たかだか血圧計や腋窩で測定する体温計があるのみであったが，近年，安価な医療機器が急速に広まり，赤外線型深部体温計，パルスオキシメータ（血中酸素濃度の計測），非観血式連続血糖値

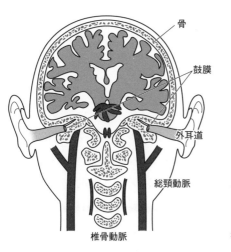

骨

鼓膜

外耳道

総頸動脈

椎骨動脈

（a）鼓膜の解剖学的位置

ハンディ型鼓膜温測定器

生体モニタ互換
鼓膜温測定ヘッド

（b）臨床鼓膜温測定器の意匠

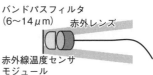

バンドパスフィルタ
（6～14μm）

赤外レンズ

赤外線温度センサ
モジュール

（c）プローブ内部構造

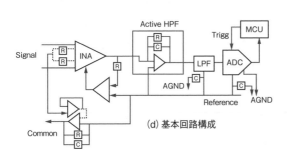

Active HPF

Signal

INA

MCU

Trigg

LPF

ADC

AGND

Reference

AGND

Common

（d）基本回路構成

（e）ワイヤレス ECG の例

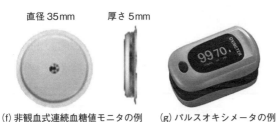

直径 35mm

厚さ 5mm

（f）非観血式連続血糖値モニタの例　　（g）パルスオキシメータの例

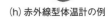

（h）赤外線型体温計の例

図 5-2　日常生活空間で使えるさまざまな生体センサ

モニタ，簡易心電計，簡易脳波計といった機器が利用できるようになった（図5-2）。本節では，こうした医療機器により評価可能な健康リスク評価の具体的事例について紹介する。

（1）感染症と体温および脈拍数測定

　ウイルスや細菌に感染すると，INFγ（インターフェロンγ）やIL-1β（インターロイキン-1β）といったサイトカインが感染を検知した免疫細胞から放出される。こうしたサイトカイン免疫細胞間で情報伝達を行うタンパク質は生理活性物質プロスタグランジン（PGE2）を介して脳内の温度調節中枢や自律神経中枢を刺激し，発熱や脈拍数の増大といった生理的変化をもたらす。こうした生理的変化を発症前の感染のごく初期の段階で検知できれば，感染症の発症を未然に防ぎ，重篤化を阻止することができる。

　こうした体温検知による感染検知の有効性の一例を，術後体温測定の例を挙げて説明する。近年，腹腔鏡による低侵襲消化器外科手術が広く行われるようになったが，縫合不全による術後感染リスクは依然として残存している。こうしたリスクを少しでも低減するため，感染の有無を正確かつ迅速に評価することが重要である。図5-3は，腹腔鏡手術後の静脈血の反応性Cタンパク（CRP）および白血球数（WBC）の推移を示したものである。術後3日までCRPおよびWBC共に高値であるのは外科的侵襲のためであるが，術後5日目からCRP，WBC共に急上昇し，縫合部での感染が疑われた。一方，術後管理のため体温の定点測定を行っていた（図5-4）が，体温の異常な上昇はCRPおよびWBCの異常が検知される以前の術後3日目から観測されていたことが後からの解析で判明した。CRPおよびWBCの異常が検知された5日目から直ちに抗菌処理（抗生物質投与）が開始され，術後7日目にはWRCは低

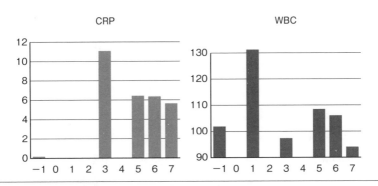

図 5-3 術後反応性 C タンパクおよび白血球数の推移

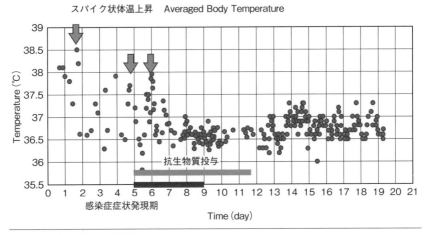

図 5-4 術後体温の推移

値となり，体温の異常上昇も消失した。

　このように，異常体温上昇が CRP や WBC よりも早く感染初期の状態を検知することができた理由としては，感染により産生されるサイトカインの増大によるものではなく，わずかなサイトカイン産生に対しても，夜間の細胞免疫亢進がスパイク状体温上昇を誘導したことが考えら

れる。

体温以外にも，脈拍数により発症前の感染の初期状態（潜伏状態）を検知することが可能である。例えばインフルエンザウイルスに感染すると，早ければ数時間で発症し，ウイルスの指数関数的増殖に伴い症状は急激に憎悪する。しかし，潜伏状態であってもわずかなサイトカインが自律神経中枢を刺激し，頻脈（＞90/min）を誘導し得る。こうした生理状態の異常をパルスオキシメータや簡易心電計等を使って検知することで，抗原抗体反応を基盤とするインフルエンザの簡易検査キットよりも迅速に感染の有無を評価することが可能となる。こうした発症前の迅速感染診断は，インフルエンザ脳症など重篤な病態への推移を防止するのみならず，感染の拡大を防止する上でも極めて有効な手段となり得る。

（2）血糖値モニタリング

糖の過剰摂取は，炎症に関わる転写因子（遺伝子の転写を制御する因子）を活性化させてミトコンドリアの機能障害によるエネルギー代謝障害を招く。その結果，糖尿病やがんの発症リスクを高める。

こうした糖の過剰摂取はストレスにより誘導される。セロトニンはストレスを緩和する脳内のモノアミン神経伝達物質であるが，その前駆体であるトリプトファンを食品として摂取した場合，脳への伝達を糖質が促進するためである。このため，ストレス負荷下では糖質摂取が嗜癖となっている可能性がある。連続血糖値モニタリングは，日常生活空間の中でこうしたストレス性の糖質過剰摂取による高血糖状態もしくはスパイク状の血糖値上昇の検知を可能とする。

図5-5は，不規則な夜間勤務を含むシフト勤務者の，シフト勤務前後の血糖値の推移を食事開始時間基準で測定したものである。シフト勤務

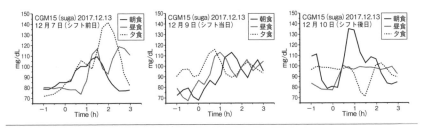

図 5-5　シフト勤務と血糖値の推移

前後でスパイク状の血糖値上昇が認められる。交感神経が亢進すると膵臓の β 細胞にある $\alpha 1$ アドレナリン受容体が刺激されインスリンの分泌が抑制される。ストレス負荷下で抗ストレス行動として糖を過剰に摂取すると，こうしたインスリン分泌低下によりスパイク状血糖値上昇が発生しうる。シフト勤務前後で発生しているスパイク状血糖値上昇をこうした内分泌系の変異によるものであるとするならば，シフト勤務前後での高ストレス状態が発生し得ることを示唆するものである。

　このように，日常生活空間における連続血糖値モニタリングは，単純に高血糖状態のリスクを検知するのみならず，その背景となっているストレスの健康への影響を個々に評価することを可能とするものである。

（3）心電センサの活用

　心臓を流れる電気の様子を観察し，健康状態を診断するために心電図が用いられる。簡易心電センサであっても心臓の電気生理信号を検知するため，電極を所定の位置に設置することにより 12 誘導心電計と同等の心電図を得ることができる。さまざまなウェアラブル簡易心電計が開発され，健康増進のみならず心不全の予兆検知の可能性を追求するさまざまな試みが精力的に進められている。さらに，近年の急速な人工知能分野における深層学習技術の進展により，心電図の特徴から危機の予兆

を検知できるのではないかという期待が高まりつつある。

　しかし，こうした期待があるにもかかわらず，心電図の適用範囲には限界がある。心電図は，心臓の電気生理現象を体表で測定したものであり，心臓に関わる病態を基礎疾患に立ち返り推定していかなければならない。さらになお，心電図の正常の範囲は広く，正常と異常とを鑑別する明確な基準がない。このため，現状では不整脈を除いて，心電図のみから病態を正確に推測することは困難であるとされている。

　それでは，不整脈ならば正確にリスクアセスメントできるであろうか？　図5-7は不整脈のある心電図の例（II誘導）である。4拍目の後に幅の広いQRS（図5-6（b）心電波形を参照）を特徴とする期外収縮が出現している。しかし，この心電図は平均約68 bpmの心拍数の洞調律（正常な脈波）を示しており，正常な血行動態が保持されていると推察される。また，期外収縮の出現は孤立し連続発生していない。このため，心電図からは，心室頻拍（rapid ventricular tachycardia, VT）や心室細動（ventricular fibrillation, VF）へ直ちに移行するリスクはさほど大きくないと判断できる。このため，動悸，息切れなどの身体症状や極度の血圧低下がないかといった情報を総合的に分析し，リスクを判断する必要がある。

　それでは，簡易心電センサをどのように活用すればよいであろうか？　心室性期外収縮の場合，不整脈を起こしている異常興奮部位は依然として心室に存在しており，長期的には抗不整脈薬やカテーテルアブレーションによる病態の責任部位の焼灼除去などの処置の適用を検討していく必要がある。この検討のため期外収縮の出現頻度や連続性の有無といった情報が必要である。日常時の連続した計測値が記録できる簡易心電センサは，こうした情報を提供するツールとして最適である。

　このように，日常生活空間の中で常時モニタリングできる簡易心電セ

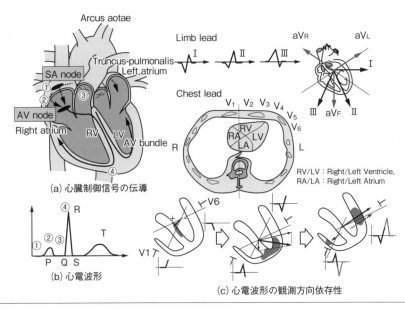

図 5-6　心電図の原理

　心臓は（a）に示すように左右の心房（atrium）が収縮し血液を心室に送りだした後，心室（ventricle）が収縮し，全身および肺に血液が排出される。これらの収縮は心筋により行われる。血液を肺と全身に正しく排出し，また還流させるための心筋興奮ペースメーカが洞房結節（sinoatrial node：SA node）であり，興奮性の信号が結節間心房内伝導路を経て房室結節（atrio-ventricular node：AV node）に伝わり，さらに His 束，プルキンエ線維系を伝導しながら心室を収縮させる。心筋細胞は自分自身で脱分極して興奮する性質を有するものの AV node がいち早く脱分極し，他の心筋はその信号を受けて順次（①→②→③→④）脱分極する。このような心臓の電気生理学的活動を膜電位としてとらえたものが心電図であり，結節間心房内伝導（①→②→③）で P 波，房室結節から His 束への伝導による収縮期（③→④）で QRS 波，再分極過程で ST 波がそれぞれ形成される（b）。心電図モニタはこのような心臓の 3 次元電気生理活動を特定の方向のベクトルの射影として観測するものであり，臨床現場では，肢誘導（I，II，III，aVR，aVL，aVF）と胸部誘導（V1〜6）の 12 誘導方式が利用されている。このような多方向からの心臓の観察により心筋の詳細な診断が可能となる。すなわち，V1，V2 は右室および心室中隔，V3，V4 は前壁，I，aVL，V5，V6 は側壁，II，III，aVF は下壁をそれぞれ最もよくモニタする。右上から観測する aVR は心膜炎，右脚ブロックなど特殊な疾患の診断に限局して利用されている（c）。

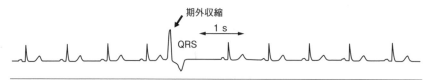

図 5-7　不整脈のある心電図（II 誘導）

ンサは，正常の中から異常を切り出して心疾患を推定するのではなく，むしろ，心室性期外収縮の出現頻度のモニタリングといった明確な目的に対して効力を発揮するよう活用すべきであろう。

3. 健康を維持するための活動

　高齢化社会において認知症の有病者率は増加の一途をたどっている。記憶障害を中核症状としながらも，歩行障害，排泄障害や感情失禁などの心身の障害も病態の進行とともに発現し QOL（Quality of Life）を著しく劣化させる。したがって，健康寿命を延ばす上でも根本的な認知症の予防・治療法の実現は大きな社会的課題となっている。

　認知症と一括りに病名をつける中でその病態スペクトルは広い。アルツハイマー型認知症のみならず，レビー小体，進行性核上性麻痺，前頭側頭葉型認知症など，さまざまな病名が症状の特徴ごとに付けられている。また，典型的認知症と区別がつきにくいパーキンソン氏病，正常圧水頭症といった疾患もある。しかし，こうした病名を付与しても実際には複合して症状が発現する。このため国際疾病分類 ICD-10 においても詳細不明の認知症が分類されている（表 5-1）。

　認知症の初期には軽度記憶障害が症状として出現することが多いため，MMSE（Mini Mental State Examination）といった簡単な認知機能試験による診断が臨床の場では普及している。しかし軽度記憶障害が病

表 5-1　ICD-10 における詳細不明の認知症コード
ICD-10 コード：F03　詳細不明の認知症
検索数：12 件

	病名	ICD-10 コード	病名交換用コード
1	原発性認知症	F03	S5RU
2	初老期精神病	F03	P04F
3	初老期認知症	F03	DSMU
4	初老期妄想状態	F03	RC2N
5	二次性認知症	F03	F20B
6	認知症	F03	V828
7	老年期うつ病	F03	RPRU
8	老年期認知症	F03	MSD4
9	老年期認知症妄想型	F03	CC70
10	老年期認知症抑うつ型	F03	USUQ
11	老年期妄想状態	F03	PTGJ
12	老年精神病	F03	PP2M

的なものか単なる加齢による記憶機能低下によるものかを診断することは実際には困難である。このため，強く認知症を疑う場合には画像診断法が用いられる。図 5-8 に示すように，CT 画像により海馬近傍に萎縮を認めるケースでは強くアルツハイマー型認知症が疑われる。類似の症状を示すパーキンソン氏病との鑑別を行うため，MIBG（meta-iodobenzyl-guanidine）心筋交感神経検査が行われる。パーキンソン氏病では心臓の交換神経が障害されるため MIBG は心臓に集積されない。この事例では心臓に MIBG の集積が認められたためパーキンソン氏病が鑑別により排除される。さらに，SPECT（Single photon emission computed tomography）検査により脳の代謝が検査されている。この検査で海馬近傍の代謝の低下が認められた。この結果は，CT（Computed Tomography）検査で検知した海馬の軽度萎縮の結果と整合している。

　こうした画像法の結果をもってしてもこの事例ではアルツハイマー病

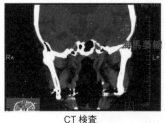
CT 検査

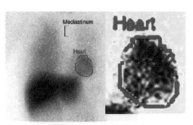
MIBG 心筋交感神経検査

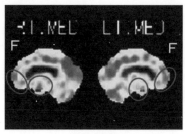
SPECT 検査

図 5-8 画像によるアルツハイマー型認知症の鑑別診断

という確定診断に至っていない。その根本的な理由は，アルツハイマー病の病態メカニズムがいまだ仮説の域を出ていないためである。これまでもっとも有力な説は脳内に蓄積されたタンパク質アミロイドβの神経毒性による神経の障害・脱落であった。しかし，アミロイドβの蓄積と認知機能との相関がない事例が少なからず報告されている。またアミロイドβを標的とする抗体医薬品も決定的な奏効率の高さを実証するに至ってない。一方，アルツハイマー病の原因をアミロイドから神経炎症に戦略転換した研究も盛んに進められている。炎症により障害を受けたミトコンドリアが活性酸素を排出し，障害を受けた細胞が脳内の免疫細胞から攻撃を受けるというものである。近年では免疫細胞の攻撃性

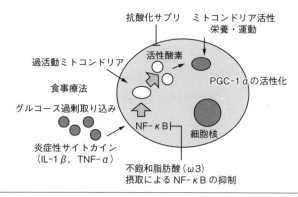

図 5-9　生活習慣改善による抗細胞老化

の変貌もアルツハイマー病の進行に関連するとして，免疫応答を抑制す
る免疫チェックポイント分子変異との関連性やヘルペスウイルス感染と
の関連性についても研究が進められている。しかし決定的な病態解明は
いまだ実現されておらず，今後とも継続的かつ精力的な認知症の病態解
明の研究が必要である。

　認知症の病態解明が進まないなか，健康寿命を延ばすためには，自ら
健康状態を計るのみならず，病気にならないさまざまな活動を生活の中
で実践していく必要がある。図 5-9 に示すように，細胞老化において，
炎症関連の転写因子 NF-κB が中心的役割を果たしている。しかし，こ
の転写因子は，不飽和脂肪酸(ω3)の摂取により抑制することが可能で
あり，食生活といった生活習慣の改善により達成することができる。ま
た，さまざまな炎症性サイトカインや活性酸素により障害を受けたミト
コンドリアは運動により再生（オートファジーによる障害ミトコンドリ
アの除去とクローニングによる新生）することが可能である。また，図
5-10 に示すように，運動時に骨が受ける機械的刺激が骨のリモデリン
グを促進し，その結果としてミトコンドリア機能が回復する。このメカ

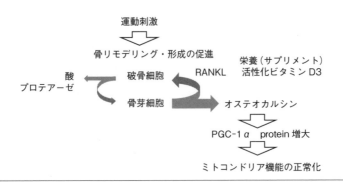

図 5-10 運動に伴う骨のリモデリングによるミトコンドリア機能の回復機構

ニズムを利用すれば，運動器や循環器に障害があり運動を継続的に実施することが困難な高齢者であっても抗老化のための生活習慣の改善に取り組むとこができるものであり，エビデンスに基づいた有効な方法論の確立が期待される。

　このように，自己の日常生活の把握と管理が，健康を維持するための活動につながることが改めて理解できる。次の章では，生体における情報処理について，もう少しふみ込んで解説する。

コラム3／ミトコンドリアによるエネルギー産生と酸化ストレス

　生体活動に必要なエネルギーを産生する ATP は主にミトコンドリア
で産生される。ミトコンドリアによる ATP 産生のメカニズムを図1に
示す。糖・脂質由来のピルビン酸がミトコンドリアのマトリクス内に取
り込まれるとアセチル CoA に変換され，TCA 回路に入る。この回路
により還元型 NADH（ニコチンアミドアデニンジヌクレオチド）が産
生される。NADH は酸化により電子が複合体に供給される。供給され
た電子は，複合体群を伝搬（電子伝達鎖）し，プロトン（H$^+$）がミト
コンドリアの膜間スペースに放出される。プロトンは，電気ポテンシャ
ルのみならず，pH が高いマトリクスから pH が低い膜間スペースに，
化学ポテンシャルに逆らって移動するため，何らかのポンピング機構が
必要である。図2は，シトクロム bd 型キノール酸化酵素によるプロト
ンポンプの具体例である。キノール QH2 が酸化され膜間スペースに4
個のプロトンが放出される一方，内膜を電子が移動し，マトリクスの酸
素とプロトンを水に変換する。こうした反応により，実質的にマトリク

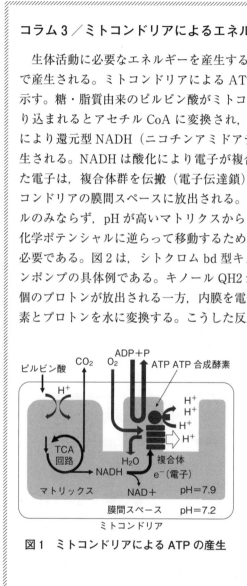

図1　ミトコンドリアによる ATP の産生

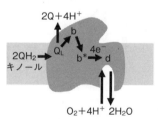

図2　シトクロム bd 型キノー
　　　ル酸化酵素によるプロ
　　　トンポンピング

スのプロトンを膜間スペースにくみ出している。

　くみ出されたプロトンはATP合成酵素の回転体に入り（図3参照），プロトンの化学ポテンシャルを利用して効率よくATPが合成される。

　しかし，図3に示すように，膜上にある複合体の機能が低下すると酸素フリーラジカルを産生し，過酸化水素 H_2O_2 等の活性酸素種をミトコンドリアの膜間スペースおよびマトリクスに発現させてしまう。マトリクス内の活性酸素種はグルタチオンにより無害な水に変換されるが，膜間の活性酸素種はミトコンドリア外部に漏洩し，細胞を障害する。この細胞外に漏洩した活性酸素種を無害化するため，さまざまな抗酸化物質の検討が進められている。癌細胞は，ミトコンドリアが産生する活性酸素種のみならず，癌細胞を標的とするさまざまな抗がん剤や放射線照射により発生する活性酸素に対して抗酸化物質（グルタチオン）を積極的に利用し，耐性を獲得している。

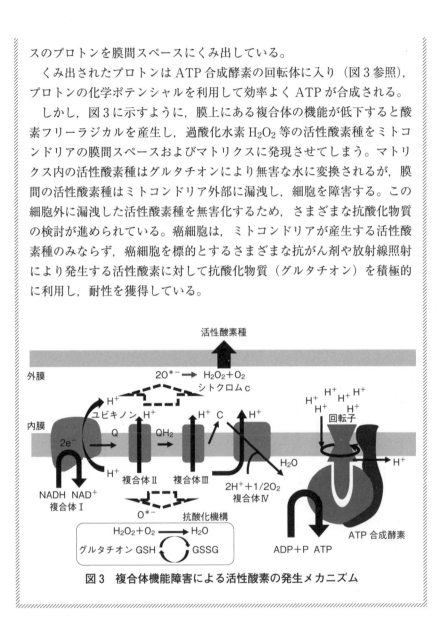

図3　複合体機能障害による活性酸素の発生メカニズム

コラム 4 ／炎症と疾患

　炎症に起因する疾患とその予防について，研究が進められている。疼痛は神経刺激物質プロスタグランジン（PGE2）により発現する。PGE2は，脂質二重層からホスホリパーゼ A2 により誘導される飽和脂肪酸であるアラキドン酸と，炎症による細胞刺激により産生される酵素（シクロオキシナーゼ：COX-2）により生成する（図 1 左）。一方，免疫系は，ナイーブ T 細胞（Th0）の産生するサイトカインの刺激によりそれぞれ液性免疫（Th2），細胞免疫（Th1）に分化する。PGE2 は Th0 に対して Th2 への分化を促進することで免疫バランスは液性免疫のほうに傾斜する。Th2 は，ナイーブ B 細胞を刺激して外部から侵入してきた細菌に対して抗体産生を促すが，Th1 のようにウイルス感染あるいは障害された細胞を識別して処理することができない。このため，炎症により障害された細胞がアポトーシス（細胞死）せずに蓄積し，病態の基盤を形成する。表 1 に示すように，こうした炎症により心疾患をはじめとするさまざまな疾患が誘導される。

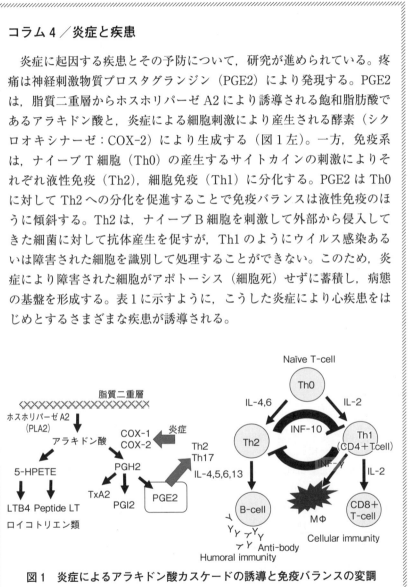

図 1　炎症によるアラキドン酸カスケードの誘導と免疫バランスの変調

　従来より，液性免疫へのナイーブT細胞の分化を抑制することで，免疫バランスから疾患発症を抑制しようとする試みが進められている。このため，炎症性により誘導される酵素COX-2を分子標的薬（セレコキシブ）で阻害することで，アラキドン酸からPGE2への代謝を阻害したり，あるいは，不飽和脂肪酸（$\omega3$）によりPGE2のTh0-Th2分化作用を阻害することで，心疾患や癌の発症抑制を行うことが検討されている。

表1　炎症関連疾患とその病理学的基盤

疾患分野	心疾患	肝臓	神経		膵臓
病理学的基盤	繊維化	繊維化	免疫性慢性炎症	グリア炎症	繊維化
疾患名	動脈硬化	肝炎	多発性硬化症	アルツハイマー型認知症	慢性膵炎
	虚血性心疾患	肝硬変	ギランバレー症候群		膵硬変
	心筋炎	肝がん	関節リウマチ		
	心筋症				
	不整脈				

参考文献

1. 板生清（編），『クラウド時代のヘルスケアモニタリングシステム構築と応用』（シーエムシー出版，2012）.
2. Leonard S, Lilly et al.,『心臓病の病態生理』（メディカル・サイエンス・インターナショナル，2013）.
3. 林博史（編），『心拍変動の臨床応用』（医学書院，1999）.
4. 鶴紀子（編著），『臨床脳波と脳波解析』（新興医学出版社，2000）.
5. 子安重夫（編），『免疫学最新イラストレイテッド』（羊土社，2003）.
6. S. Carley and K. Mackway-Jones,『ホスピタル・ミムズ』（永井書店，2009）.

6 | 生体の情報処理

片桐祥雅・川原靖弘

《**目標&ポイント**》 私たちの身体の中では，生命活動を維持するため，分子レベルでのさまざまなコミュニケーションが成立している。本章ではその仕組みやその障害による疾患発症との因果関係について学び，生命活動維持のための生体における情報処理について理解する。
《**キーワード**》 細胞，サイトカイン，遺伝子，受容体，転写因子，ミトコンドリア，エネルギー代謝，炎症

1. 細胞内シグナル伝達

　私たち哺乳類は真核細胞からなる多細胞生物である。その細胞は，細胞核，リボソーム，ゴルジ体，リソソーム，エクソソームおよびミトコンドリアといったさまざまな細胞内小器官から成り，互いに分子シグナル伝達により生命活動を支える機能を発揮している。細胞核の中にはDNA が格納されている。転写因子により mRNA が複製され，細胞核外のリボソームによって翻訳（蛋白質合成）される。

　こうした細胞内での一連のシグナル伝達と付帯する機能を，図6-1に示す炎症反応を例にとって説明しよう。細胞外からインターロイキン（IL-1β）や腫瘍壊死因子（TNF-α）といった炎症によって生じたサイトカイン[注]が細胞膜にある受容体に結合することで，細胞内では炎症

注）細胞間で情報伝達を行う，細胞から分泌されるタンパク質。標的細胞に対し，細胞増殖，細胞死（アポトーシス）を含む特定機能を発現させるためのシグナルを伝達する。

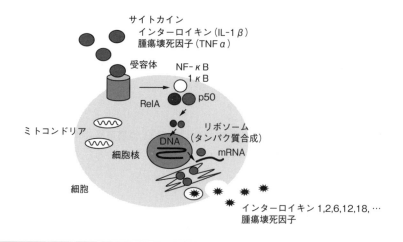

サイトカイン
インターロイキン（IL-1β）
腫瘍壊死因子（TNFα）
受容体　　NF-κB
1κB
RelA　p50
ミトコンドリア
リボソーム
（タンパク質合成）
DNA
細胞核　mRNA
細胞
インターロイキン 1,2,6,12,18,…
腫瘍壊死因子

図 6-1　炎症反応における細胞内シグナル伝達とその付帯機能

に対する一連のカスケード反応が開始される。細胞内では炎症カスケード反応を起動する転写因子 NF-κB（Nuclear factor kappa B）が IκB キナーゼ（IKK）という酵素により活性化される（通常は，IκB により不活性化されているが，IKK により IκB が外されることで NF-κB が活性化する）。活性化された転写因子は，細胞核の微細な核膜孔を経由して細胞核に入り込み，DNA の転写が開始される。転写により生成された DNA のコピー（mRNA）は核膜孔を経由して細胞核外に出て，その情報を基にリボソームにより翻訳（タンパク質合成）が行われる。タンパク質を細胞外に分泌する場合は，ゴルジ体内で翻訳が行われる。転写因子 NF-κB により生成されるタンパク質に，インターロイキン 1, 2, 6, 12, 18…，腫瘍壊死因子などがあり，他の細胞に作用することにより，炎症に伴うさまざまな反応を引き起こす。

　こうした炎症に関連する転写因子 NFκB は，過剰な糖取り込みによ

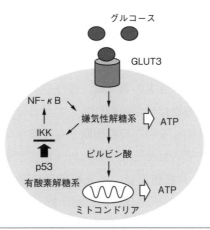

図6-2 p53欠損による嫌気性解糖系の亢進

り細胞内の糖代謝障害に加担し，糖尿病のみならず発がんを誘導する。図6-2に示すように，グルコーストランスポータ（GLUT3）による。細胞内に取り込まれたグルコースは，嫌気性解糖系によりピルビン酸に変換された後，ミトコンドリアに取り込まれ有酸素解糖系（TCA：tricarboxylic acid 回路，通称クエン酸回路ともいう）によりエネルギー（ATP）が生産される。しかし，嫌気性解糖系によりIKKが起動すると炎症関連の転写因子NF-κBが活性化され，嫌気性解糖系が亢進する。IKKは細胞増殖を抑制する遺伝子p53生成物により抑制されている。しかし何らかの原因でp53が欠損すると細胞増殖の抑制機構が阻害され，発がんが誘導される。アジュバントを使用したP53を標的とするがん遺伝子治療は，こうした嫌気性解糖系に傾斜したエネルギー代謝の障害を是正しようとするものである。

２．細胞間のコミュニケーション

（1）近接コミュニケーション

　細胞間コミュニケーションの典型は，免疫システムにおける自己認識機構である。非免疫細胞は免疫細胞に対して「自分（細胞）が自己に属していること」を証明しないと免疫細胞から攻撃を受けてしまう（免疫細胞により細胞死させられてしまう）ため，さまざまな自己を証明する分子機構が存在する。細胞には，主要組織適合遺伝子複合体（major histocompatibility complex；MHC）という糖タンパクを提示する機構が備えられていて，細胞内のさまざまなタンパク質の断片（ペプチド）を利用する。図6-3に示すように，正常細胞ではMHCクラスⅠ分子とともに自分自身のペプチドを提示していて，免疫細胞からの攻撃を免れている。しかし正常細胞がひとたびウイルスに感染すると，小胞体スト

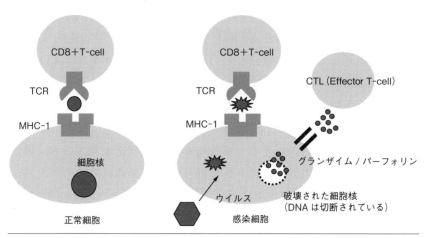

図6-3　主要組織適合遺伝子複合体（MHC）による免疫細胞の自己／非自己認識機構

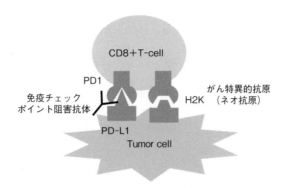

図6-4　免疫チェックポイント分子による癌の免疫逃避機構

レス等により異常なペプチドが産生され，異常なペプチドを提示するようになる。免疫細胞は，こうしたMHCクラスⅠの提示する異常分子ペプチドを認識することで細胞感染を検知し，グランザイムとパーフォリンという物質を放出して，DNAレベルで感染細胞を破壊・除去する。

　一方，がん細胞は，図6-3に示すように，がんに特異的に発現する抗原が免疫細胞に認識されながらも免疫細胞の攻撃をまぬがれている。これは，PD-L1（Programmable-death ligand）分子（免疫チェックポイント）を発現することにより免疫細胞から逃避しているためである。抗体によりこの免疫チェックポイントを阻害することで，免疫細胞にがん細胞を攻撃させることができる。こうしたがん免疫療法が新たに展開されている。

　免疫細胞は，細胞のウイルス感染など外部からの侵略により変異した細胞や，遺伝子変異により器質変化した細胞を速やかに除去し，生体脳恒常性保持に貢献している。しかし過剰な免疫系の亢進は正常細胞を攻撃してしまう自己免疫疾患を発現させるリスクがある。このため免疫チェックポイントのほか，抑制性Ｔ細胞により免疫系の亢進を抑制す

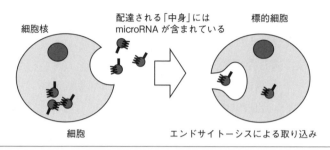

細胞核　　　　配達される「中身」には　　　標的細胞
　　　　　　　microRNA が含まれている

細胞　　　　　　　　エンドサイトーシスによる取り込み

図6-5　エクソソームによる細胞間コミュニケーション

る免疫寛容機構が生得的に備わっている。

　がん細胞はこうした免疫寛容機構も巧みに利用して免疫システムから逃避をし，増殖・転移を実現している。がんのこうした免疫逃避機構の全容を解明することで，新たながん免疫療法の開発が進められている。

（2）遠隔コミュニケーション

　遠く離れた細胞間のコミュニケーションツールとして，ナノメートルサイズの小胞が配達されるエクソソーム（Exosome）という機構が細胞に備えられている。エクソソームにおいて，図6-5に示すように，まず細胞間の情報を伝達する分子（microRNA を含む）を収容する腔内膜小胞（Intraluminal membrane vesicle：ILV）と呼ばれる小胞体（多胞性エンドソーム）が細胞内に形成される。収容された物質は細胞膜か外部に放出され，標的となる細胞に漂着しエンドサイトーシスと呼ばれる現象により標的細胞に取り込まれる。外部に放出された小胞をまとめて細胞外小胞（Multivesicular vesicles：EVs）と呼ぶ。

　エクソソームによるがんの浸潤・転移機構が明らかにされつつある。がん細胞は，マクロファージ，骨髄由来線維芽細胞，腫瘍血管等の間葉系細胞およびマトリクス等の間質からなる腫瘍コロニーを形成し，増

殖・転移を果たしている。がんが遠隔転移をしようとする場合，がん細胞自身がエクソソームにより標的となる組織に小胞体を先発隊として送り込み，転移に適した環境（前転移ニッチ）を形成する。標的となる細胞は，脳では血液脳関門を含む血管内皮細胞，肝臓ではクッパー細胞（内毒素を取り込み処理する細胞），肺では繊維芽細胞，上皮細胞である。

　一方，こうした腫瘍組織に対して免疫細胞もエクソソームにより対抗していることが判明した。CD8 +T-細胞は，小胞体を腫瘍組織に送り付け，間葉系間質の消失，浸潤性の無効化を果たしている。こうした抗腫瘍効果は，この小胞体に内包されている microRNA のアポトーシス作用よるものであることが明らかにされている。免疫細胞が放つ小胞体は癌細胞そのものには作用しないが，癌を取り巻く微小環境に作用することで癌の悪性化を抑制し，正常な細胞の機能の維持に貢献する。

　近年，こうした機能性分子を内蔵する細胞外小胞体を人工的に製造し標的組織に薬物を配達する新たなドラッグデリバリーシステム（DDS）の開発が進められている。

3．脳と末梢のコミュニケーション

（1）内分泌系を利用した脳から末梢への情報伝達

　脳と末梢とのコミュニケーションの典型は，ストレス性の反応であり，HPA 軸（Hypothalamic Pituitary Adrenal axis）と呼ばれる中枢と末梢を物質と神経系でつなぐシステムにより起動される。図 6-6 に示すように，脳でストレスが認知されると，視床下部房室核がストレスに対処するためコルチコトロピン放出ホルモン（CRH）を産生する。これにより，下垂体を介して副腎皮質刺激ホルモン（Adrenocorticotropic hormone：ACTH）が血液中に放出されるとともに，自律神経中枢にある

94

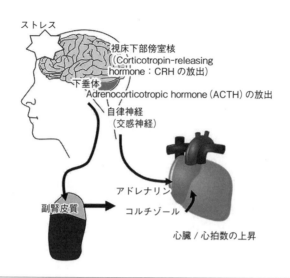

図6-6　ストレスに対する応答（HPA軸：Hypothalamic Pituitary Adrenal axis）

交感神経系が亢進する。

　ACTHは副腎皮質に作用してステロイド（コルチゾール）を放出さ
せる。これらの反応により，心拍数，血糖値とも上昇し，ストレスに対
抗するための準備が整う。

　一方，亢進した交感神経系により，免疫は抑制される。図6-7に示す
ように，リンパ節にある交感神経の端末からアドレナリンが放出される
と，リンパ節上のβ2アドレナリン受容体に結合し，抑制性クロストー
クの関係があるケモカイン受容体が抑制される。ケモカインはリンパ球
の走行性を高め，リンパ節からリンパ管内に移行して細胞の障害状態を
監視する。ストレス応答時では，こうした細胞免疫系が交感神経系によ
り抑制され，リンパ球はリンパ節内に格納された状態を保持する。

　ただし，生体の免疫系は，細胞免疫と液性免疫の2つの相反する免疫

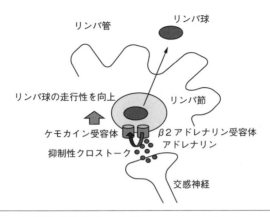

リンパ管　　　　リンパ球

リンパ球の走行性を向上　　　リンパ節

ケモカイン受容体　　β2アドレナリン受容体
　　　　　　　　　　　アドレナリン
抑制性クロストーク

交感神経

図 6-7　ストレスに対する応答（HPA 軸：Hypothalamic Pituitary Adrenal axis）

システムからなり，互いに対峙しながらも免疫機能を分担している。細胞免疫が抑制されると液性免疫が亢進する。液性免疫では B 細胞が活性化し，外部から侵入する細菌に対して抗体を産生することで生体防御機能を亢進させている。

（2）脳免疫相関

　近年，脳の硬膜にリンパ管が走行することが発見されて以来，脳と免疫系との相互作用に大きな着目が集まっている。図 6-8 に示すように，リンパ管は中枢神経系内（硬膜内）を走行し，脳脊髄液を介して抹消の免疫細胞が産生するサイトカインが脳内に侵入し得ることが明らかにされている。このサイトカインは，脳内の免疫細胞であるマイクログリアを標的とせず，ニューロンを直接標的としている。例えば，うつ病では末梢血におけるサイトカイン（IL-6, IL-2R, TNFα 等）の上昇が認められている。脳内においてこれらサイトカインがマイクログリアを活性化することで脳内の炎症を憎悪させることがうつ病をはじめとする疾患

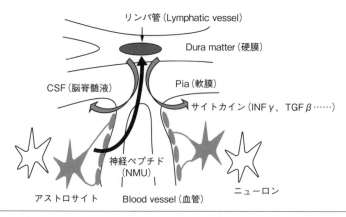

図6-8　中枢を走行するリンパ管を介した脳免疫相関

の原因ではないかと当初考えられていた。しかし，近年，サイトカインによるセロトニン神経系の過剰亢進等炎症とは必ずしも関連のないモノアミン神経系への脳内サイトカインの影響が明らかにされつつあり，近い将来，分子レベルでの精神疾患のメカニズムの全容が解明されることが期待される。

　例えば，NK（Natural Killer）細胞が産生するINFγによる脳内の炎症とアルツハイマー病との関連性が報告されている。疫学的にはステロイド治療とアルツハイマー病罹患リスクの負の相関が明らかにされている。アルツハイマー病の分子メカニズムは依然不明であるが，末梢の免疫細胞やそれらが産生するサイトカインと神経系の障害との因果関係の解明が，病態の分子メカニズム解明の糸口となるものと期待される。

　一方，脳が産生する神経ペプチドにより末梢の免疫システムが変調されることも明らかにされている。例えば，脳が産生する神経ペプチド（ニューロンメジンU：NMU）により主に寄生中に対処する2型自然免疫リンパ球（Group2 innate lymphoid cell）を活性化する。獲得免疫系

が十分に発達していない幼児にとってこの免疫起動メカニズムは特段に有用である。

まとめ

　健康な生命活動を維持するために，生体内で行われているコミュニケーション（情報のやりとり）について例を示して概説した。さまざまなシーンにおける人間の情報認知のメカニズムを考えたり，人の状況を測定機器を用いてモニタリング・推測したりする上では，このような人間の内部でのコミュニケーションについて理解していることが重要である。

コラム 5 ／細胞外シグナル伝達による遺伝子発現と細胞基質変化

　細胞は，外部状況に応じて適宜遺伝子を発現させてその基質を変化させることにより，環境に適用するという機能を有している。図 1 に示すように，外部刺激に応じて発せられるサイトカインをはじめとする細胞

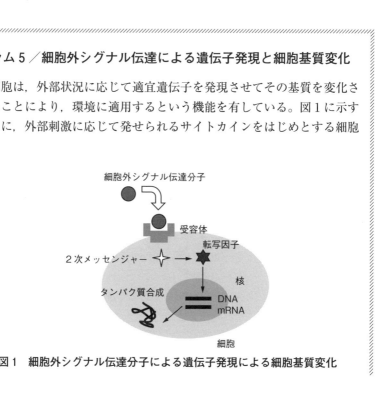

図 1　細胞外シグナル伝達分子による遺伝子発現による細胞基質変化

外のシグナル伝達分子が標的細胞の受容体に結合すると，細胞は2次メッセンジャーを介して転写因子を起動し，DNAから標的の遺伝子を転写して得たmRNAによりタンパク質を合成してその基質を変化させ，環境適用を果たそうとする。

DNAを転写してmRNAを生成するメカニズムの概略を図2に示す。RNAポリメラーゼが転写因子に利活性化した遺伝子の領域（プロモーター−ターミネータ間）を移動しながら遺伝子を転写し，mRNAを合成する。こうしたRNAポリメラーゼは複数ある転写調節因子により制御される。DNAはエキソンとイントロンから成るが，mRNAではイントロンは切除され，エキソンが集約される。合成されたmRNAには安定性と翻訳開始を制御するキャップ（5′末端と呼ばれる）が付与され，細胞核の外部で翻訳が行われ，該当するタンパク質が合成される。

外部シグナル分子に対する細胞の遺伝子応答の速度は1秒以下と非常に速いものがある。記憶の形成にはこうした速い遺伝子の応答が関与していると考えられている。

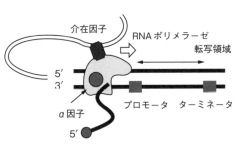

図2　RNA ポリメラーゼによる遺伝子転写

コラム6／発声の中枢制御機構

　人間が発する音声は，自由会話，朗読，歌唱などの状況に応じて印象が大きく異なる。また，感情に応じて声の聴覚印象もずいぶんと変化する。こうした声の音響的特徴の違いはどこからくるのだろうか？

　運動野で企画される随意運動は，皮質下の大脳基底核により修飾（大脳基底核ループ）を受けて出力される（図1）。ところが，こうした随意運動は，中脳水道灰白質を経て中脳（脚橋被蓋核）の一連の運動覚により多くの運動器が協働する。例えば発声においては咽頭筋のみならず呼吸筋も連動する。さらに，これらの運動覚は上行性の感覚刺激のフィードバックを受けて最適化されている。例えば発話中に自分自身の声を遅延させて帰還させるとうまく話せなくなるのはこのフィードバックの影響とされている。

　こうした発話に関する中枢ネットワークにおいて，前帯状回は運動野を制御して発話の意思決定を遂行するのみならず，中脳水道灰白質を介して発話運動に影響を与える。前帯状回は情動を制御する部位でもあることから，こうした発声に関する脳機能ネットワークが音声に感情が重畳する基盤であるといえる。

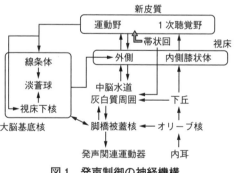

図1　発声制御の神経機構

参考文献

1. A. Despopoulus, S. Sivernagl, 『よくわかる生理学の基礎』（メディカル・サイエンス・インターナショナル，2005）.

2. Eric R. Kandel et al. 『カンデル神経科学 Fifth Edition』（メディカル・サイエンス・インターナショナル，2013）.

3. Y. Katagiri and K. Aida, Simulated nonlinear dynamics of laterally interactive arrayed neurons, *SPIE Proceedings*, Vol. 7266, 7266-1-9 (2008).

4. Mark F. Bear, et. al. , 『神経科学』（西村書店，2009）.

5. Neil R. Carlson, 『神経科学テキスト』（丸善株式会社，2007）.

6. J. M. Fuster, 『前頭前皮質』（新興医学出版社，2006）.

7 | 感性と心理
感性情報の計測

喜多伸一

《**目標＆ポイント**》　人は五感に基づく感性を手がかりとして環境を認知する。本章では，このような感性や認知の機能を，心理学実験や生理学実験を用いて計測する方法を取り扱う。まず人間が環境を認知するために必要な，感覚・知覚の計測方法を理解し，そのうえで感性の計測方法を説明する。また近年急速に進展してきている脳・神経の機能の計測方法を説明する。
《**キーワード**》　感覚・知覚，感性，心理学実験，脳波，脳機能画像

1. 感覚・知覚の計測

（1）心理物理学

　人間は外界の環境を，視覚，聴覚，触覚，嗅覚，味覚の五感から成る感覚系を通じ，見たり，聞いたり，触ったり，嗅いだり，味わったりして認知し理解する。心理物理学（psychophysics）は，このような感覚系の機能を計測するために発達してきた心理学的計測方法である。

　眼や耳に入力される物理情報は，光の強さや音の高さのような物理量で表現できる。このような物理情報は，光が強いときにはその光が見え，弱いときには見えないといった心理現象をもたらす。その心理現象は，光が見えたのは何パーセントであったかというような心理量で表現できる。ここで物理量と心理量の関係を示すものが，心理測定関数（psychometric function）である。この関数は通常，独立変数である物理量を横軸にとり，従属変数である心理量を縦軸にとってグラフ化され，グラフはS字曲線（sigmoid function）となることが多い。

　弱い光が見えるかどうかのぎりぎりの値のような，感覚系が機能するための物理量の閾値（いきち・しきいち；threshold）を，絶対閾と呼ぶ。これに対し，2つの光が提示され，どちらが強い光であったかを判断という判断が可能となる，光の強さの差がぎりぎり見分けられる値のような，物理量を弁別（識別）するための閾値を，弁別閾と呼ぶ。心理物理学的により計測された絶対閾よりも小さな値の物理情報を閾下刺激と呼ぶ。閾下刺激は，文字が見えたというような意識現象にはならないが，行動には影響するという事例が，数多く報告されている。

　絶対閾の逆数を感度（sensitivity）と呼び，感覚系の性能を記述する値として扱う。視力は，視覚系の感度としてよく知られており，空間内の2つの点が，融合して1つの点としては見えず，ちゃんと2つの点として見えるための絶対閾（2点分離閾）を，視角にして分単位で表したものの逆数である（分は度の60分の1）。例えば，視力0.5とは，2点分離閾が2分であることを意味する。視力1.0の具体例は，視覚系の空間分解能が，5m離れたところから約1.5mmの2点が見分けられるということである。

（2）感覚・知覚の計測

　光の強さや音の高さのような物理量は，連続的に変化する。しかし感覚系に対する入力値である物理量から出力値である心理量への変換は，多くの場合では不連続であり，連続であるときでも非線型になることが多い。物理量から心理量への変換が不連続になる理由は，心理現象が，特に閾値近辺においては，見える・見えない，最初の音の方が高い・後の音の方が高いというような，2値的な反応様式になるからである。そのため心理量は，反応の確率で表現して物理量と対応させることが多い。

　心理物理学的な計測方法の代表的なものに，調整法，極限法，恒常法がある。これらの方法は，多様な物理量をどのように変化させて提示するかで区別される。

　調整法とは，オーディオ機器の出力調整のように，観察者本人が物理量を連続的に変化させるものであり，簡便ではあるが誤差も大きい。この方法は短時間で計測が完了する点に魅力があり，例えば，明るいところから暗いところに入ると最初は周りが見えないが数分で眼が慣れるという，暗順応過程のように，短時間のうちに変化する現象を記述することに適している。

　これに対し極限法は，観察者以外の人や機械が物理量を，不連続的に，かつ一方向的に変化させて観察者に提示し，反応を記述して心理量を計測する。極限法は，視力の検査に用いられており，小さな図形が見えないときに少し大きな図形を見せたり，見えたときにはその逆方向に大きさを変化させたりする系列を用いて，視力を計測する。

　恒常法は極限法と異なり，物理量の変化には方向性がなく，数種類の物理量の刺激をランダムに提示して反応を記述・累計し，心理量を記述する。この方法は誤差が入りにくく高精度だが，計測時間が長くなる。恒常法は，厳密な計測を行う実験では標準的な方法である。

　これらの計測方法に見られるように，精度と時間にはトレードオフがあり，良好な精度の計測を行うためには，時間と手間が必要になる。この問題に対し，心理的反応の時系列解析を計測中にリアルタイムで行って，心理状態に適応した物理量を計算して観察者に提示するという，適応的な計測方法も提案され，実用化されている。

　適応的な計測方法には極限法を応用したものが多い。そのひとつに上下法があり，これは，変化方向を純粋に一方向的に行うのではなく，反応に応じ適宜方向を変化させて，ジグザグな系列を提示する方法であ

る。また1種類の単純な系列だけでなく，2種類の系列を併用する2重上下法や，直前の試行の反応だけでなく数回の試行を考慮して刺激強度を決定する変形上下法がある。また閾値のような，心理測定関数の変数をベイズ推定を用いた最尤推定を行うという QUEST と呼ばれる方法も提案されている。

これらの計測方法が2値的な反応に基づいており，閾値の計測を主眼としていることに対し，心理量の大きさをアナログ的なものだとして捉え，光の物理量が大きくなれば明るい光として見えるということを数値化する計測方法もある。このような計測方法の代表例がマグニチュード評価法（マグニチュード推定法；magnitude estimation）である。この方法では，観察者は，明るさのような心理量を，規準量（モジュラス；modulus）の何倍であるかを表す数詞で表現する。一般に，閾値に基づいて考えられた心理測定関数は指数関数で表されることが多いが，マグニチュード評価法で得られた心理測定関数は，ベキ関数で表されることが多く，そのベキ指数は感覚系により異なる。

（3）信号検出理論

信号検出理論（signal detection theory）は，雑音の中から信号を検出するときの意思決定過程のモデルである。もともとは機械の性能評価のモデルであったが，1950年代以来，人間の感覚系のモデルとして発展し，感覚・知覚研究の中心概念となった。さらに記憶再認のモデルに拡張され，人間の認知機能や，さらには神経細胞の反応特性を記述する有益なモデルとなり，現在に至っている。

信号検出理論では，雑音のみの確率分布と，信号に雑音が加わった確率分布を仮定し，その確率分布に対する意思決定過程を想定し，信号の有無の判断を行う。実際に信号があるときとないとき，および信号があ

表 7-1　信号検出理論

	信号ありと判断	信号なしと判断
信号あり	ヒット (hit)	ミス (miss)
信号なし	フォールス・アラーム (false alarm)	コレクト・リジェクション (correct rejection)

ると判断するかないと判断するかによって，表 7-1 の 4 つのパターンが発生する。

　信号検出理論の特徴は，統計的意思決定理論を基礎として，観察者が信号を検出するときの検出能（感度）と，観察者の態度，動機，反応バイアスなどに由来する反応基準とを分離していることである。そのため統計的意思決定理論が対象とする分野との親和性が高く，人間や動物の知覚・認知だけでなく，医療判断や人間工学などの諸分野で活用されており，有用性が高い。

2．感性の計測

（1）感性情報と心理学実験

　「感性」という言葉は，古代ギリシア語のアイステーシスという言葉に由来し，日本では明治時代に西周（にし・あまね）が sensibility という英語に対する言葉として用いたといわれている。一方，日本で近年行われてきた，情報と感性をつなぐ研究は，文部省・科学研究費補助金・重点領域研究「感性情報処理の情報学・心理学的研究」（1992 年 4 月〜1995 年 3 月）によって活性化され，その後の変遷を経て今日に至っている。

　感性には，感覚性，印象性，直感性，無意識性，暗示性，審美性，表現性，主観性，多義性，情緒性，身体性，洞察性，多変量性，創発性な

ど，多様な側面があることが指摘されている。感性を情報としてとらえ，感性情報を数値化して扱うためには，これらの諸側面に対する実験や調査を行う必要がある。ここで通常の実験や調査は，見える，聞こえる，どちらが大きいかわかる，実際にあったかどうか覚えているというような，正解がはっきりしている課題を解決するスタイルのものが多い。そしてその範囲での洗練を遂げ，計測精度を向上させ，科学的研究方法として発展するとともに，実用につながる研究を行ってきた。しかし感性に関する研究は，正解がそもそもないことが多い。それゆえ感性情報を理解するためには，人間が環境から何かを感じ取るときの法則性を理解する必要がある。この項では，心理学的な実験や調査で従来用いられてきた方法のうち，感性情報の理解につながるものについて述べる。

（2）眼球運動と視線知覚

　人間の眼球は，「この物体を見る」という意思の下に動くこともあるが，そのような意思が介在しないときでも不随意的に動いている。眼球を動かす筋肉は左右眼で計12本あり，それら筋肉の機能や，眼球の動きや，視線の移動についての研究は数多く行われてきた。

　眼は視野の特定箇所をしばらく固視し，サッカード（跳躍眼球運動；saccade）を経て，次の箇所を固視する。このような眼球運動の軌跡を計測する技術はすでに確立しており，視野内で視線がどのように動くかを計測し，観察者がどこを見ているかは容易に特定できる。この計測技術は，眼球運動測定装置を車載することで自動車の運転手の視線方向を記述し，安全性の向上につなげることができる。また ALS（筋委縮性側索硬化症）などの病因で肢体不自由になっている患者に対し，眼球運動を計測することによりコミュニケーションを行うこともできる。

　感性情報が持つ直感性や情緒性は，対面している相手の視線が見ている方向を無意識に注意するという，視線知覚と共同注意（joint attention）の現象として現れる。相手の視線がこちらを向いていることを知覚することは，対人的なコミュニケーションにおいて重要であり，相手がこちらを直視しているかどうかについての情報は，相手の視線が他の方向を向いているときよりも，素早く正確に処理されることがわかっている。また，相手の視線の変化についての研究から，他の方向に向かっていた視線が自分に向かうか，あるいは自分に向かっていた視線が他の方向に向かうかを比較すると，前者の方が容易に知覚できることがわかっている。

　また，感性情報が持つ感覚性や無意識性は，移動距離が 1 度未満の微小眼球運動（マイクロサッカード）に反映される。視野内で注意が向かっている箇所を特定することは，眼球運動の計測だけでは確定できないことが多いが，微小眼球運動は，注意が無意識のうちにどこに向かうかを反映するものと見なされている。人間は，相手の視線に追随して無意識的に視線を動かすが，このような追随が不利になるような条件においても，追随する方向にマイクロサッカードを行うことがわかっている。この現象は，対面している相手とのコミュニケーションにおいて，視線の追随が無意識に発生することを示している。

（3）質問紙調査

　感性情報を計測するための標準的な質問紙調査には，SD 法（semantic differential method）がある。この計測方法は，対象を提示し，「重い・軽い」「好き・嫌い」などの反対語の対からなる評価尺度を複数用いて評価を行う。観察者（被験者）は，各評価尺度対に対して回答し，因子分析により因子を抽出する。このような解析では，好悪などの評価

性因子（evaluation），活動性因子（activity），力量性因子（potency）が抽出されるという結果が，数多く報告されている。このような因子分析の結果を脳機能計測と対応させる実験も行われており，感性情報の脳内処理についての知見が蓄積されてきている。

3．脳・神経の機能計測

（1）脳波計測

　感性や心理は人間行動の現象的な側面であり，それらの現象を実現する遂行主体は，脳である。脳波（electroencephalography：EEG）の計測は，脳機能を調べるために古くから用いられている方法である。脳波は，頭皮上の電極と，耳朶（みみたぶ）などに置かれた基準電極の間の電位を増幅し，時系列的に表現したものである（その他，硬膜表面，大脳皮質表面，脳深部で計測することもある）。電極には皿状のものが用いられ，装着方法には国際 10-20 法と呼ばれる標準技法がある（図 7-1）。

　脳波は周期的に変動し，周波数と振幅により記述される。脳波は周波

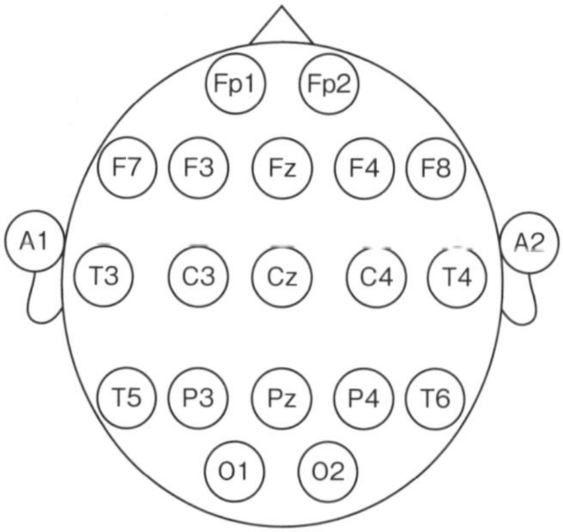

図 7-1　国際 10-20 法，電極装着（上から見た図）

数により，通常は，アルファ波（8〜13 Hz），ベータ波（14 Hz 以上），
デルタ波（1〜3 Hz），シータ波（4〜7 Hz）などに分類されている。

　眠りの深さを調べるには脳波が最も有効であり，脳波の種類などによ
り，睡眠深度は眠りの浅い順から，ステージ 1 からステージ 4，レム睡
眠（rapid eye movement sleep：REM sleep）に分類される。レム睡眠
は，脳波だけであればステージ 1 と同様であるが，急速眼球運動や抗重
力筋の弛緩に特徴があり，夢はこのときに見ていると考えられている。
また覚醒時の行動を調べるうえでも脳波は有効であり，40 Hz 近傍の高
周波成分であるガンマ波と，注意や情報統合との関係が，心理学実験と
脳波計測を併用することにより調べられている。

（2）事象関連電位

　周波数に基づく脳波解析は，頭皮上で計測される電位変動の定常成分
に注目した解析方法である。これに対し，誘発電位（evoked potential）
や事象関連電位（event related potential）は，非定常成分に注目した
電位変動の解析方法である。

　頭皮上の電位は，物を見たり音を聞いたりするような外的な要因によ
り変動が誘発される。誘発電位とは，この性質を利用して，感覚系をは
じめとする機能に対する脳活動を調べる方法である。誘発電位を計測す
るためには，同じ物を見せることを繰り返すなど，同一の環境で計測さ
れた電位を加算平均して定常成分を消去する。これにより，物を見るこ
とに特有の電位変動が浮かび上がる。誘発電位には，視覚誘発電位，聴
覚誘発電位，触覚誘発電位などがある。例えば，両眼立体視に対する誘
発電位は，視差をつけた図形を左右の眼に提示した後，潜時 150 ミリ秒
〜200 ミリ秒内外で観察できる。

　頭皮上の電位は，感覚系への刺激提示のような外的な要因だけでな

表7-2 事象関連電位

P300 (P3)	予期しない刺激が出現・消失したとき	潜時300ミリ秒強陽性電位
ミスマッチネガティビティ	同一刺激を繰り返し提示した後，強度や位置が少し異なる刺激を提示したとき	潜時80〜200ミリ秒陰性電位
N400	意味やカテゴリーに意外性があるものが出現したとき	潜時約400ミリ秒陰性電位

く，予期，注意，記憶などの内的な要因でも変動する。このような変動は「誘発」という言葉とはなじまないことから，事象関連電位と呼ばれる。事象関連電位の計測方法は，感覚性の誘発電位の計測方法とほぼ同じであるが，内的な要因による変動は，一般に反応潜時が長い。

　内的な要因を操作する課題を心理学的に与えることにより，事象関連電位には，さまざまなタイプのものが報告されている。代表的なものには表7-2に示すようなものがあり，これらのタイプの事象関連電位を通じて，予期や注意の機能の脳基盤を調べることができる。

（3）脳機能画像計測

　人間の脳機能を調べるために最も古くからあった方法は，19世紀半ばに失語症の患者が発見されたことに始まる，脳損傷患者による症例研究である。その後，日露戦争や第1次世界大戦での傷病兵の研究により観察例が飛躍的に増大し，個々の脳部位が持つ機能について理解が進んだ。

　一方，健常者をはじめとする一般人を対象とした研究は，動物が対象であれば可能であるような神経細胞記録が基本的に不可能であるという，計測の侵襲性が問題となり，研究方法は事実上，脳波・誘発電位や

PET（positron emission tomography；陽電子断層装置）しかなかった。しかし 1990 年代に入り，新たな非侵襲計測装置が開発され，普及してきた。

　fMRI（functional magnetic resonance imaging；機能的磁気共鳴画像）は，2010 年代現在で用いられている，脳機能画像を計測するための非侵襲計測装置の代表的なものである。この装置は，磁気共鳴原理を利用して，高磁場環境において血液中の脱酸素化ヘモグロビンに起因する磁場の不均一（BOLD 効果）を計測するものである。実験参加者（被験者）は体を固定して装置に入って実験課題を行い，この装置はそのときの脳活動を計測する。脳活動の計測においては空間分解能に優れており，特定の課題を行っているときの特定の脳部位の活動を詳細に計測することができる。

　これに対し MEG（magnetoencephalography；脳磁図）は，非侵襲計測装置のうち，神経細胞の電気信号に基づいて脳活動を計測するものである。fMRI が血流に基づく計測である結果，優れた時間分解能を得ることが困難であることに対し，MEG は時間分解能に優れている。

　その他，NIRS（near infrared spectroscopy；近赤外分光解析）は，頭皮上から近赤外光を照射して血液中のヘモグロビンの状態を計測することにより，脳活動を記録する装置であり，fMRI や MEG と比較すると安価で，若干の体動も許すが，分解能は時間的にも空間的にも優れているとはいえない。また，これらの計測装置とは異なり，TMS（transcranial magnetic stimulation；経頭蓋磁気刺激）は，頭部に置いたコイルから高電流を瞬時に流し，脳活動の状態を変化させる装置である。そのような変化を受けた脳部位は，活動が変化し，視野内の特定部分が見えなくなるなど，課題遂行が困難になることが多いが，反応が速くなるなど，逆に課題遂行が容易になるという報告も見られる。

参考文献

1. G. A. ゲシャイダー，宮岡徹・金子利佳・倉片憲治・芝崎朱美訳，『心理物理学 ―方法・理論・応用（上下巻）』（北大路書房，2002/2003）.

2. 大山正・今井省吾・和気典二（編），『新編 感覚・知覚心理学ハンドブック』（誠信書房，1994）.

3. 大山正・和氣典二・菊地正・今井省吾（編），『新編 感覚・知覚心理学ハンドブック Part 2』（誠信書房，2007）.

4. 原澤賢充，適応的心理物理学的測定法による閾値の推定，*VISION*, 15, (3), 189-195（2003）.

5. Watson, A. B., & Pelli, D. Quest：A Bayesian adaptive psychometric method. *Perception & Psychophysics*, *33*(2), 113-120（1983）.

6. トマス・D・ウィッケンズ，岡本安晴訳，『信号検出理論の基礎』（協同出版，2005）.

7. 三浦佳世，『知覚と感性の心理学』（岩波書店，2007）.

8. 日本認知心理学会（監修），三浦佳世（編），現代の認知心理学〈1〉『知覚と感性』（北大路書房，2010）.

9. 日本基礎心理学会（監修），『基礎心理学実験法ハンドブック』（朝倉書店，2018）.

8 | 生活空間における行動表現

川原靖弘

《**目標＆ポイント**》 生活空間における人間の行動を表現する方法として，位置を伴う事象をどのように扱い表現するか解説する。また，生活者を含む移動体の位置を無線技術を用いて把握する技術を紹介し，その生活空間における応用について論ずる。
《**キーワード**》 位置情報，無線測位，GPS，RFタグ，モバイルセンシング，行動認識

1. 位置を伴う事象の表現

（1）位置情報の表現

　空間上の特定の地点や位置を示す情報，この情報に関連づけられた情報を多くのシーンで利用するために，位置を伴う情報を扱うためのデータフォーマットや加工方法，電子地図の整備などが進められている。位置を伴う情報には，店舗の情報や駅の時刻表情報も含まれる。

　ここでは，位置を伴う情報を地図上に表現する方法について考える。生活空間にある位置情報を持つものとして，建物や道路，川や電柱などがある。これらは地図上では，簡単な図形に置き換え，その地物の持つ属性情報とともに表現できる。例えば，図8-1の，右上にある電柱は，点で表され，地図上の位置に加え，属性情報である管理番号，管理会社，設置年などとともに地理上で表現ができる。光ケーブルは線，ビルは面の図形で表され，同様に位置情報と属性情報を紐づけることで，表現が可能である。生活者の位置や移動軌跡なども，点や線といった図形

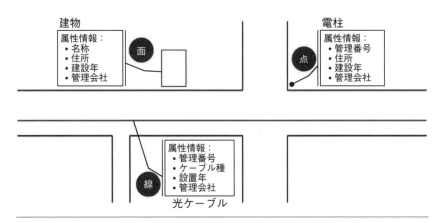

図 8-1　地図における生活空間情報の表現

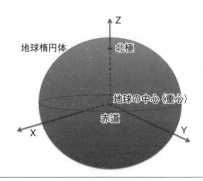

図 8-2　地球楕円体と地心直交座標系

　を組み合わせることで表現ができる。

　地図上にこれらの図形を配置するときは，緯度経度などの地球の座標を用いる。緯度は赤道を 0 度とし，南北それぞれ 90 度に分け，北を北緯，南を南緯として数える。経度は本初子午線を 0 度とし，東西それぞれ 180 度に分け，東を東経，西を西経として数える。地球上の 3 次元の位置を，緯度，経度，標高の 3 つの要素で表すための基準を定めた系を，

「測地系」といい，日本では，2019 年現在，日本測地系 2011（Japanese Geodetic Datum 2011 ; JGD2011）が用いられている。この測地系は，GRS80 という地球楕円体と，ITRF94，ITRF2008 という地心直交座標を用いて構成されている。

（2）地理情報システム（GIS）

　地図上で，位置情報を含むデータを作成・管理・加工し，視覚的に表示したり解析したりするシステムのことを GIS（Geographic Information System，地理情報システム）という。コンピュータを使って，さまざまな情報を位置情報に結びつけて管理するシステムで，位置情報と紐づいたデータを地図上に配置したり，管理したりするために利用される。

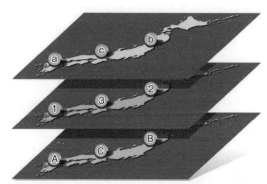

データ例：データ X｛緯度，経度，日時，情報｝

緯度	経度	日時	情報
35.331254N	137.031548E	2014/9/12　15：23：00	A
35.615435N	137.031545E	2014/9/12　15：33：00	B
35.134580N	137.631548E	2014/9/12　15：43：00	C

図 8-3　GIS におけるデータ表現のイメージ

図8-3のように，情報を地図に埋め込んでいくイメージで活用する。特定の地点の降雨量を地図上で表したり，ある人がTwitterなどでつぶやいたことをつぶやいた場所に表示したりすることなどもできる。別の主題の情報の地図を重ねると，さまざまな情報の関連性が一目でわかるようになり，見えていなかった新しい情報を表現し，発見することにもつながる。

　GISで扱うデータは，位置や大きさ，形状の情報を含む幾何データと，幾何データと紐づけて扱われる属性データがあり，図8-4を用いて説明すると，緯度・経度や建物の形は幾何データで，それと紐づけられた建物の名称などの情報は属性データである。幾何データには，大きく分けて2つの種類があり，それぞれ点・線・面を扱うベクタ型データと画像を扱うラスタ型データと呼ぶ。この幾何データと属性データを組み合わせて位置を伴う事象が表現される。

　地下街や屋内空間の情報も，測地系を拡張してGISで扱えるようにする動きもあり，実現すると，1つのナビゲーションサービスでさまざ

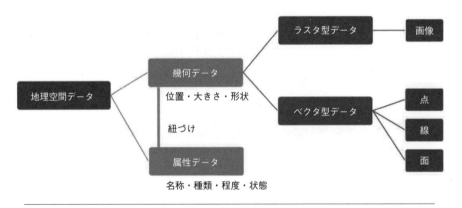

図8-4　GISで扱うデータ

まな生活空間の案内が可能になる。

2．生活空間における測位方法

（1）電波を用いた位置の把握

　人間の行動を測る方法として，人の位置を測定する方法が考案されている。位置を測定することは「測位」といい，古くは，方角を知る道具である羅針盤や緯度を測定するための六分儀が開発され，地形の目印を利用した地文航法，天体の逆行を利用した天文航法などとともに，自分のいる位置を知るための技術が考案された。18 世紀になると精密時計のクロノメータが開発され，経度の測定が可能になり，地図上で自分のいる位置を確認できるようになった。

　20 世紀になると，電波を利用した測位方法が考案され，航法に応用された。米国で開発された LORAN （Long Range Navigation） は，双曲線航法を使った初めての本格的な長距離電波航法システムであった。人工衛星からの信号を利用した測位は，測定された信号のドップラ・シフトから観測者の位置を決定する方法が考案され，1960 年代に NNSS （Navy Navigation Satellite System） という航法システムに応用された。この測位方法が，現代社会において測位の代名詞となっている GPS （Global Positioning System） の前駆である。

　現代において，電波を利用した測位は，航法以外に屋内や陸上における測位に応用され，さまざまな分野において実用化されている。本節では，屋内外における人や物などの移動体に位置情報を付与するための技術とその応用例を紹介する。

（2）電波を用いた測位システム

　生活環境における電波を利用した測位手段は，屋外では主に GNSS

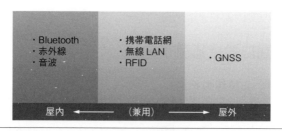

・Bluetooth
・赤外線
・音波

・携帯電話網
・無線 LAN
・RFID

・GNSS

屋内 ←——— (兼用) ———→ 屋外

図 8-5 電波を利用した測位システムの利用環境

（Global Navigation Satellite System），携帯電話網などのシステムが利用されており，屋内では主に無線 LAN，ビーコンなどのシステムが利用されている。この中で，携帯電話網，無線 LAN を利用した測位は，屋内屋外の両方において測位が可能であり，RFID（Radio Frequency IDentification）も他の測位システムと組み合わせて利用され，人やモノなどの屋内と屋外とを移動する移動体の追跡に用いられている（図8-5）。

　各通信システムを利用した測位方法について，以下に説明する。

1）GNSS（Global Navigation Satellite System）

　人工衛星を利用した全世界測位システムを GNSS という。人工衛星が発信する電波を利用し，衛星の位置，電波発信の時刻と受信機に電波が到着した時刻との時間差や搬送波を解析し，受信機の緯度・経度・高度などを割り出すシステムである。2019 年現在，測位システムに利用する衛星は複数の国から打ち上げられており，表 8-1 の通り，複数の GNSS が存在する。この中でも，GPS，GLONASS，Galileo，BeiDou は，30 機程度のグローバル軌道の衛星で運用しており，全世界対応の GNSS である。早期から運用されている GPS では，米軍国防総省が管理する衛星が，高度約 2 万 km の 6 つの軌道面にそれぞれ 4 つ以上，約 12 時間周期で地球を周回している。1993 年に民間利用に開放され，生

表 8-1　諸外国の GNSS

国	GNSS の名称
米国	GPS
ロシア	GLONASS
欧州	Galileo
中国	BeiDou（北斗）
インド	NAVIC
日本	QZSS（準天頂衛星システム）

活空間での利用においては GNSS のスタンダードとなっている。

２）携帯電話網

　携帯電話の位置は，基地局からの電波の強度，または基地局からの電波の到達時間差を計測する手法で，測位を行うことができる。精度は，おおむね数十 m から数 km である。現在は，GNSS を用いた測位と組み合わせたサービスが提供されており，GNSS とのハイブリッド測位により測位精度を高めている。

３）無線 LAN

　無線 LAN 機能を持つ端末は，無線 LAN 基地局が発信している BSSID（MAC アドレス）を受信できる。端末が，BSSID と基地局の位置を示したデータベースを保持していれば，BSSID を受信することにより，端末は自己位置を推定することが可能になる。無線 LAN 測位は，屋内のみならず都市部や住宅密集地では，屋外での測位が可能な地域もある。

４）ビーコン

　信号を発信する機器（ビーコン）の電波をスマートフォンなどで受信し，ビーコンの位置と受信信号強度などを用いて，スマートフォンの自己位置を推定する測位方法。BLE（Bluetooth Low Energy）という

Bluetooth の通信方式を利用したビーコンでは，省電力なので長期間電池駆動が可能なものもあり，設置場所を選ばず設置が可能という利点がある。

5）RFID（Radio Frequency IDetification）

RFタグは，情報を記録した IC チップとアンテナを組み合わせた小型のタグであり，電波を用いて非接触で記録されている情報を読み出すことができる。このシステムを RFID と呼ぶ。人やモノに付帯し，その人やモノを特定できるデータが埋め込まれた RFタグを，位置情報を持った RFタグリーダが読み取ることにより，人やモノの位置を特定することができる。RFタグには，タグリーダからの返信要求に応じて記録されている情報を送信するパッシブ型と，一定間隔で記録されている情報を送信するアクティブ型があるが，パッシブ型が電池を必要としないのに対し，アクティブ型は電池を必要とする。また，移動端末とアクセスポイントとの通信において，パッシブ型は両者が至近距離であることが必

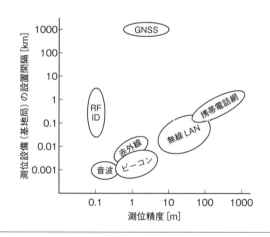

図 8-6　電波を利用した測位システムの測位精度

要なのに対し，アクティブ型は数十メートル離れても通信が可能なもの
もある。

　各通信システムを用いた測位システムにおける，一般的な基地局の配
置間隔と測位精度について，図 8-6 にまとめた。

（3）電波を用いた測位方法の種類

　位置計測に利用されている無線システムに関する説明をしたが，各シ
ステムには，測位対象となる移動端末（もしくはそれに準ずる機器）と
固定基地局（もしくはそれに準ずる機器）が存在し，電波の受信や通信
を行いながら移動端末の位置を推定する。無線を用いた位置の推定方法
には，大別すると，移動端末が通信に利用する，近接する一局の基地局
の位置を端末位置とする方法（Proximity），移動端末が受信した複数基
地局電波の強度と基地局の位置を利用する方法（RSSI），移動端末が受
信する基地局電波の到達時間を利用する方法（TOA，TDOA），移動端
末が受信する基地局電波の受信方向を利用する方法（AOA），あらかじ
め移動端末が測定した周辺基地局発信電波のデータと測定端末の位置を
参照する方法（Fingerprinting）がある（図 8-7）。これらの方法につい
て以下に説明する。

1）近接（Proximity）

　移動端末が通信を行う，最も移動端末に近接していると思われる基地
局の位置を移動端末の位置とする方法。最もシンプルな方法であるが，
移動端末が通信している基地局が最も近接している基地局でない場合や
基地局の設置間隔が大きい場合は，測位誤差が大きくなる。携帯電話や
IC タグなどを利用した測位に使用されている方法である。

2）電波の強度（Received Signal Strength Indicator：RSSI）

　移動端末が測定する基地局発信電波の電界強度が，基地局からの距離

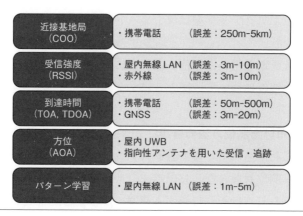

図 8-7　測位方法に代表される通信システムの例

に従って減衰する性質を利用し，移動端末から基地局までの距離を推定
することにより位置を推定する方法。電界強度は移動端末の受信信号強
度（RSSI）として得ることができる。周囲に全く障害物のない 3 次元
空間において，受信信号強度 P_r は次式に示すように距離の 2 乗に反比
例することが知られている。

$$P_r = \frac{\lambda^2 P_t G_r G_t}{(4\pi d)^2}$$

P_t：送信信号強度　　G_r：送信アンテナ増幅率

d：送受信機関距離　　G_t：受信アンテナ増幅率

λ：電波の波長

　地面が存在する場合は，地面からの反射波との干渉が生じ，減衰が大
きくなり，距離の 4 乗に反比例するといわれている。これらの理論値や
実測値をもとに，移動端末から複数の周辺基地局までのそれぞれの距離
を推定し，三辺測量などを応用することにより，端末位置の推定を行
う。基地局と移動端末間の建物や地形などにより，電波の反射や回折が
起こり距離の推定に誤差が生じるので，移動端末位置の特定を行うため
のさまざまな方法が試みられている。携帯電話や無線 LAN などを利用

した測位に使用されている方法である。

3）電波到達時間（Time of Arrival：TOA）

移動端末と基地局の間の，信号の到達時間を測定し，複数の到達時間から，移動端末の位置を推定する方法。GPS や一部の携帯電話を用いた測位に使われている方法である。この方法では，電波の到達時間を高精度に測定するために基地局および移動端末に時間測定用のハードウェアを設ける必要がある。

4）電波到達時間差（Time Difference of Arrival：TDOA）

3 局以上の基地局で，移動端末からの電波の到達時間差を測定し，移動端末の位置を推定する方法。この方法では，複数検知装置間の時刻同期と正確な時間測定を行うために，基地局および移動端末に時間測定用のハードウェアを設ける必要がある。

5）電波到来方向（Angle of Arrival：AOA）

基地局までの移動端末からの電波の到来方向や，複数基地局から端末に向けたビームの角度で位置推定を行う方法で，最低 2 局により測定を行う。TDOA 方式に比べて測位精度は落ちるが，2 つの基地局の受信データだけで測位が可能である。基地局のアンテナに指向性を持たせる必要があり，またマルチパスの影響を大きく受けるので，生活環境における適用範囲は狭い。

6）環境記録（Fingerprinting）

移動端末の位置推定を行う場所において，特徴的な基地局の電波伝搬状況（fingerprint）をあらかじめデータベース化しておき，実際に測位を行うときには，移動端末で現在観測されている電波強度等の情報とデータベースにおける fingerprint の情報のパターンマッチングにより，最も近似する受信状況の場所を移動端末の位置として推定する方法。fingerprint として，端末受信電界強度（RSSI）やマルチパスによる遅

延プロファイル特性，TOA，TDOA，AOA などの情報を用いることが想定される。測位地点において，測位時と同じ電波伝搬環境および測定位置のデータを含むデータベースを用いることができれば，非常に高精度な位置推定が可能であるが，そのためには，電波伝搬が安定している環境において詳細なデータベースを準備する必要がある。この測位方法では，移動端末が特定のポイントにいるかいないかの判別などは高精度に行うことができる。

（4）無線を用いた測位の利用分野

　これまで紹介した，無線を用いた測位方法は，モノや人の位置管理，追跡，ナビゲーションなどさまざまな分野で利用されている。物流分野においては，パレットやコンテナなどの移動機器の管理，戸口輸送荷物の追跡，配送車の配車などに位置情報が利用されている。この分野の移動体は，屋外・屋内（倉庫や屋根付き車庫など）を問わず移動と停止を繰り返しており，位置管理のための測位システムは屋内・屋外双方に対応できる，携帯電話網や RFID などの通信技術を用いたものであることが多い。施設内の人の位置管理やナビゲーションにおいて，RFID やビーコン，無線 LAN が用いられることが多い。これらの測位方法には，位置管理が必要な場所に通信用のアクセスポイントを設けることが必要であるが，限られた施設内において必要数のアクセスポイントの設置は現実的である。

　屋外を移動する公共交通の車両位置把握やカーナビゲーションにおける測位においては，屋外に限定した測位では最も精度のよい GPS が利用される。遠隔から位置管理を行う場合は，GPS データを転送するための通信ネットワークの利用が必要である。児童の登下校や徘徊高齢者などの屋外を含む人の位置管理には，GPS や無線 LAN などの測位機能

が利用できるスマートフォンや携帯電話が用いられる。スマートフォンなどの端末は無理なく個人が所持することができ，屋外・屋内において位置情報がすぐに送信できるからである。

　公共空間でのサービスで利用されていることが多い RFID やビーコンを応用したサービス利用管理システムにおいては，利用履歴に位置情報を付加することも可能であり，サービスの強化やマーケティングに利用されつつある。これらのサービスで，パッシブ RF タグを応用したものに電子マネーや電子チケットなどの IC チップが埋め込まれたカード，アクティブタブを応用したものに ETC（Electronic Toll Collection System）がある。

　また，10 m 以下の測位精度が必要である紛失物の探索を目的とした，

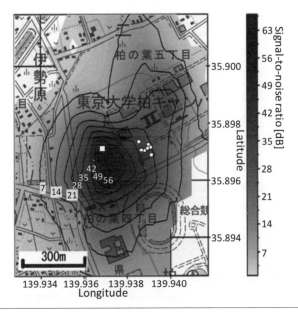

図 8-8　ビーコン電波伝搬状態と移動端末測位結果

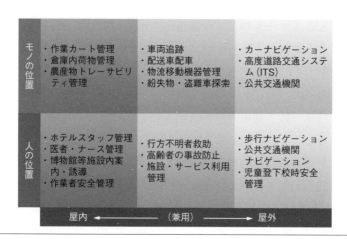

図8-9　測位技術の活用事例と環境

携帯電話網を用いた RSSI 方式の測位と指向性アンテナによる移動端末に搭載したビーコンのテレメトリ探索を組み合わせた紛失物探索の事例もある。図8-8は，ビーコンの電波伝搬状態と，RSSI 測位による移動端末位置を描いた地図であり，携帯電話網の測位結果がビーコン電波到達距離の範囲内にあり，RSSI 測位後に指向性アンテナを使用して手動で移動端末を探索することが可能であることがわかる。

　測位システムの利用例を，利用環境で図8-9に整理した。この図は，図8-5と対応させることにより，各利用目的においてシステム構築に適用可能な通信システムがわかる。

3．生活空間における行動の表現

（1）モバイルセンシング

　移動体（動くもの；人や乗り物や動物など）にセンサを装着し，情報を移動しながらセンシングすることを，モバイルセンシング，あるいは

表8-2　スマートフォン搭載センサと測定項目

センサ	測定対象	推定項目
加速度センサ	振動，傾き	活動量，姿勢
ジャイロセンサ	角速度	方向，向き
気圧センサ	気圧	高度の変化
電界強度センサ	公衆電波電界強度	自己位置， 周囲の端末の有無
地磁気センサ	地磁気	方位
照度センサ	照度	周囲の明るさ
マイク	音	周囲の騒音， 会話の量

移動体センシングという。人間にセンサを装着しモバイルセンシングを行うことで，人の行動や状態，周囲の状況などを把握することができる。測位技術と併用することで，人がどこで何をしていたのか推定することが可能になる。加速度計を持っていれば，その振動波形を解析することにより，歩数や活動量が推定できる。温度計をぶら下げていれば，周囲の温度が把握できる。日常的に身に付けている人が多いスマートフォンには，これらのセンサの一部は搭載されており，これを用いることにより，日常的なモバイルセンシングがまち空間でも可能である（表8-2）。また，前節で述べた測位方法の精度を補うセンシング手法として，ジャイロセンサと加速度センサを利用した歩行者自立航法（PDR, Pedestrian Dead Reckoning）がある。これらのセンサを使用すると，歩行者などの移動方向や移動距離が算出でき，電波を用いた測位において精度が悪い場所（電波が届かない場所など）において，精度を高めることができる。相対的な測位となるので測位開始時の絶対的な位置は，無線測位などで取得する必要がある。

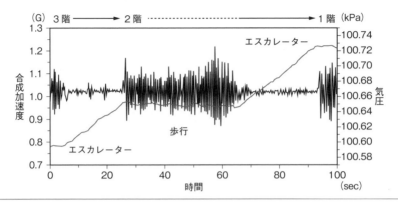

図 8-10　気圧と加速度を用いた行動認識

　センサで取得できるデータの例として，図 8-10 に，モバイルセンサ
を所持し，商用ビル内を移動し，加速度，気圧を計測した例を示す。細
かく振動している部分のある波形が加速度のグラフで，時間の経過とと
もに線形的に増加している部分のある太い線が気圧のグラフである。こ
のようなデータを用いてまちなかでの行動を推測し，特定エリアの動線
の把握や利用者への個別の情報提供を実現しようとする動きもある。ま
た，身体の特定の部位に装着するウェアラブル情報端末のセンサモ
ジュールを利用することで，さらに幅広い生体情報のセンシングが可能
になる。例えば，胸部に貼り付けた 15 g のセンサで連続してセンシン
グした心電波形をもとに，心拍の間隔を算出し，自律神経活動状態を推
定することも可能である。このように心身の健康管理に有用な情報も取
得が可能であり，生活する人に有用な体験を，モバイルセンシングを通
して提供したり，まちづくりにフィードバックしたりすることが望まれ
ている。

（2）ヒューマンプローブ

携帯情報通信端末を用いて，ユーザーの周囲の環境をセンシングすることができる。光環境，音環境，温冷環境などをセンシングすることにより，ユーザーの周囲環境の把握が可能になる。

GPS などの位置情報機器と併用し，ユーザーの周囲の状況，また周囲の状況により引き起こされるユーザーの行動を把握することにより，広範囲の環境情報を取得することができる。このような人間の移動による走査型の環境情報モニタリング方法を，ヒューマンプローブと呼ぶこともある。この手法は一定時間変化しない情報（放射線量，地形など）を簡便に調査するのに役立つ。

多数のユーザーが積極的に情報を提供することで，提供した時間・場所における環境の状況を集約し，広範囲の地域の環境情報を可視化することも行われている。例えば，サービス利用者自身の情報通信端末による天気の状況報告を集約公開する天気情報サービスは，時間的にも空間的にも詳細な天気の実況を実現している。

まとめ

生活空間における人間の行動を表現する方法として，位置を伴う事象をどのように扱い表現するか説明し，無線を用いた測位技術について解説した。これらの技術と移動体のセンシング技術を併用することにより，生活空間における人の行動を表現する例を紹介した。

参考文献

1. 飯島幸人，『航海技術の歴史物語—帆船から人工衛星まで』（成山堂書店，2002）．
2. Y. Kawahara, N. Yokoi, H. Yoshida, H. Hosaka, K. Sakata, Positioning System Using RSSI from PHS Cell Stations, *5th Int. Conf. on Networked Sensing Systems*, p. 227（2008）．
3. N. Yokoi, Y. Kawahara, H. Hosaka, K. Sakata, Precise Positioning Method for Logistics Tracking Systems Using Personal Handy-Phone System Based on Mahalanobis Distance, *Journal of Advanced Mechanical Design, Systems and Manufacturing*, Vol.4, No.1, pp. 187-193（2010）．

9 │ 環境情報モニタリングとその利用

川原靖弘・片桐祥雅

《目標＆ポイント》 大気や音環境などの日常生活環境の管理について，その測定手法や管理方法を学ぶ。また，これらの生活環境の現状や，情報の共有方法について学習する。

《キーワード》 環境モニタリング，環境基準，大気汚染，騒音，浮遊粒子状物質，等価騒音レベル，大気汚染地図

1. 住環境の監視

日常生活において，生活者の健康や文化的生活が損なわれることがないよう，行政機関を中心に生活環境のモニタリングが行われている。生活環境の屋外の空間においては，このモニタリングを実施するための基本理念である環境基本法で環境基準が定められており，各行政は，環境基準を達成することを目標に担当地区の環境監視を行っている。この章では，屋外の生活空間に焦点を当て，環境監視における，環境モニタリングの技術とモニタリング情報の共有方法について解説する。

（1）環境基準

環境基準とは，「人の健康を保護し，及び生活環境を保全する上で維持されることが望ましい基準」として，環境基本法第16条に定められている基準であり，大気・水質・土壌汚染，騒音に係る数値目標が定められている。環境基本法は，地球環境問題と都市・生活圏の環境問題の

ように日常生活や事業活動の基本的な要素が原因となる環境問題に対する施策として，公害対策基本法に代わるものとして1993年11月に施行された。環境基本法は，「環境の保全に関する施策を総合的かつ計画的に推進することにより，現在及び将来の国民の健康で文化的な生活の確保に寄与するとともに人類の福祉に貢献する」ことを目的としている。実際の規制は，「大気汚染防止法」「水質汚濁防止法」等の法律や法律を補完する条例により定められた具体的な数値により行われており，これらの数値と環境基準を指標として，環境モニタリングが行われている。

（2）大気，水質，土壌に係る環境基準

　この節では，大気，水質，土壌に関する環境基準の例を示し，どのように設定されているか概観する。大気が，人の健康や動植物を含めた生活環境を悪化させる状態になることを大気汚染と呼び，大気に関する環境基準では，大気汚染物質に対する基準が設けられている。その物質は，環境基準設置時に，二酸化硫黄，浮遊粒子状物質，二酸化窒素，光化学オキシダント，一酸化炭素が定められ，1997年2月にベンゼン，トリクロロエチレン，テトラクロロエチレンが，2001年4月にジクロロメタンが追加された。さらに2009年には，微小粒子状物質（浮遊粒子状物質で粒径が$2.5\,\mu m$の粒子を50%の割合で分離できる分粒装置を用いて，より粒径の大きい粒子を除去した後に採取される粒子）に係る環境基準が設定された。大気汚染に関わる環境基準について，表9-1にまとめる。

　表中の単位ppmは，parts per million（10^{-6}の分量）の略であり，空気$1\,m^3$の中の該当気体の体積（mL）を示している。表中の単位TEQは，Toxic Equivalents（毒性等量）の略であり，pg-TEQは，測定されたダイオキシン量を2,3,7,8-四塩化ジベンゾジオキシンと等価の毒

表 9-1　大気汚染に係る環境基準　　(http://www.env.go.jp/kijun/taiki.html から引用)

物質	環境上の条件（設定年月日等）	測定方法
二酸化硫黄 (SO_2)	1 時間値の 1 日平均値が 0.04 ppm 以下であり，かつ，1 時間値が 0.1 ppm 以下であること。	溶液導電率法又は紫外線蛍光法
一酸化炭素 (CO)	1 時間値の 1 日平均値が 10 ppm で以下あり，かつ，1 時間値の 8 時間平均値が 20 ppm 以下であること。	非分散型赤外線分析計を用いる方法
浮遊粒子状 物質 (SPM)	1 時間値の 1 日平均値が 0.10 mg/m^3以下であり，かつ，1 時間値が 0.20 mg/m^3以下であること。	濾過捕集による重量濃度測定方法又はこの方法によって測定された重量濃度と直線的な関係を有する量が得られる光散乱法，圧電天びん法若しくはベータ線吸収法
二酸化窒素 (NO_2)	1 時間値の 1 日平均値が 0.04 ppm から 0.06 ppm までのゾーン内又はそれ以下であること	ザルツマン試薬を用いる吸光光度法又はオゾンを用いる化学発光法
光化学オキ シダント (Ox)	1 時間値が 0.06 ppm 以下であること。	中性ヨウ化カリウム溶液を用いる吸光光度法若しくは電量法，紫外線吸収法又はエチレンを用いる化学発光法

物質	環境上の条件	測定方法
ベンゼン	1 年平均値が 0.003 mg/m^3 以下であること。	キャニスター又は捕集管により採取した試料をガスクロマトグラフ質量分析計により測定する方法を標準法とする。また，当該物質に関し，標準法と同等以上の性能を有使用可能とする。
トリクロロ エチレン	1 年平均値が 0.13 mg/m^3 以下であること。	
テトラクロロ エチレン	1 年平均値が 0.2 mg/m^3 以下であること。	
ジクロロ メタン	1 年平均値が 0.15 mg/m^3 以下であること。	

物質	環境上の条件	測定方法
ダイオキシン 類	1 年平均値が 0.6 pg-TEQ/m^3 以下であること。	ポリウレタンフォームを装着した採取筒をろ紙後段に取り付けたエアサンプラーにより採取した試料を高分解能ガスクロマトグラフ質量分析計により測定する方法。

物質	環境上の条件	測定方法
微小粒子状 物質	1 年平均値が 15 $\mu g/m^3$ 以下であり，かつ，1 日平均値が 35 $\mu g/m^3$ 以下であること。	微小粒子物質による大気の汚染の状況を的確に把握することができると認められる場所において，濾過捕集による質量濃度測定方法又はこの方法によって測定された質量濃度と等価な値が得られると認められる自動測定機による方法。

表9-2　長期的評価の方法

二酸化硫黄 一酸化炭素 浮遊粒子状物質	年間にわたる1時間値の1日平均値のうち，高い方から2％の範囲にあるもの（365日分の測定値がある場合は7日分の測定値）を除外した最高値（1日平均値の年間2％除外値）を環境基準と比較して評価を行う。ただし，人の健康の保護を徹底する趣旨から，1日平均値につき環境基準を超える日が2日以上連続した場合は，このような取扱いは行わない。
二酸化窒素	年間にわたる1時間値の1日平均値のうち，低い方から98％目に相当するもの （1日平均値の年間98％値）を環境基準と比較して評価を行う。
ベンゼン トリクロロエチレン テトラクロロエチレン ジクロロメタン	同一地点で連続24時間サンプリングした測定値（原則月1回以上）を算術平均した年平均値により評価を行う。

性量に変換し，ピコグラム（pg，1兆分の1g）で表している。

　環境基準の評価方法には，短期的評価と長期的評価がある。短期的評価は，測定を行った時間または日についての測定結果を環境基準として定められた1時間値または1時間値の1日平均値を用いる評価で，二酸化硫黄，一酸化炭素，浮遊粒子状物質，光化学オキシダントの濃度の評価に適用する。長期的評価は，年間にわたる測定結果を長期的に観察するための評価方法であり，それぞれの物質についての方法を表9-2にまとめる。

　水質汚濁に係る環境基準において，水域によりいくつかの視点から環境基準が設けられている。人体に有害な物質について全公共用水域で一律に定められている，人の健康の保護に関する環境基準においては，カドミウム，鉛，ヒ素などの重金属，ジクロロメタンやトリクロロエチレンなどの有機塩素化合物などの有害物質27項目において，基準値（年

間平均値）が設けられている。生活環境の保全に関する環境基準におい
て，水素イオン濃度（pH），溶存酸素量［mg/L］，大腸菌群数［MPN/
100 mL］に加え，河川では，生物化学的酸素要求量（BOD）［mg/L］
と浮遊物質量［mg/L］に，湖沼では，化学的酸素要求量（COD）
［mg/L］，浮遊物質量［mg/L］，全窒素［mg/L］，全燐［mg/L］に，
海域では，化学的酸素要求量（COD）［mg/L］，浮遊物質量［mg/L］，
n-ヘキサン抽出物質，全窒素［mg/L］，全燐［mg/L］に対して，基準
値が設けられている。

　土壌汚染に係る環境基準には，カドミウム，鉛，肥土，水銀，ジクロ
ロメタン，トリクロロエタン，ベンゼン等の29項目の物質に対して基
準が設けられている。

（3）騒音に係る環境基準

　騒音に関しても同様の目的で，環境基準が設定されている。屋内の住
環境における睡眠や会話への騒音の影響を適切に防止された状態を確保
することが，この環境基準の主たる目的である。

　騒音に係る環境基準は，地域，時間帯により異なっており，表9-3の
とおりである。

　地域の類型への当てはめは，都道府県知事，または市長が指定するこ

表9-3　騒音に係る環境基準

（http://www.env.go.jp/kijun/oto1-1.html から引用）

地域の類型	基準値	
	昼間（6：00-22：00）	夜間（22：00-6：00）
AA	50 デシベル以下	40 デシベル以下
A および B	55 デシベル以下	45 デシベル以下
C	60 デシベル以下	50 デシベル以下

表9-4 騒音に係る環境基準（道路に面する地域）

地域の区分	基準値	
	昼間	夜間
A地域のうち2車線以上の車線を有する道路に面する地域	60デシベル以下	55デシベル以下
B地域のうち2車線以上の車線を有する道路に面する地域及びC地域のうち車線を有する道路に面する地域	65デシベル以下	60デシベル以下

昼間	夜間
70 デシベル以下	65 デシベル以下

備考
個別の住居等において騒音の影響を受けやすい面の窓を主として閉めた生活が営まれていると認められるときは，屋内へ透過する騒音に係る規準（昼間にあっては45デシベル以下，夜間にあっては40デシベル以下）によることができる。

とになっており，類型 AA は療養施設，社会福祉施設等が集合して設置される地域，類型 A はもっぱら住居の用途に使用されている地域，類型 B は主として住居の用途に使用されている地域である。

　さらに，道路に面する地域については，表9-4のとおりに環境基準が定められている。

　この他に，航空機騒音と新幹線騒音については，別途，環境基準が設定されている。

　騒音に係る環境基準の単位であるデシベルは，音による大気圧の変動振幅（実効値）である音圧のレベルの単位である。この音圧レベル L_p[dB] は，騒音の音圧（p[Pa]）とヒトの最小可聴値（$p_0 = 20 \times 10^{-6}$[Pa]）の比の二乗の対数であり，次の式で表される。

$$L_p[\text{dB}] = 10 \log_{10} \left(\frac{p}{p_0} \right)^2$$

音圧の単位であるパスカル（Pa）は，力との間に，
$$1[\text{Pa}] = 1[\text{N/m}^2]$$

表9-5 音圧レベルと音圧, 音の強さの関係

音圧 [Pa]	音圧レベル [dB]	音の強さ [W/m²]	場所・状況
10^2	134		
	130	10	
20	120	1	飛行機エンジン近く
10	114		
	110	10^{-1}	自動車警笛（前方2m）
2	100	10^{-2}	
1	94		
	90	10^{-3}	工事現場, 地下鉄車内
2×10^{-1}	80	10^{-4}	列車（屋外）
	70	10^{-5}	静かな街頭
2×10^{-2}	60	10^{-6}	会話
	50	10^{-7}	日中の閑静な住宅地
2×10^{-3}	40	10^{-8}	図書館内
	30	10^{-9}	ささやき声

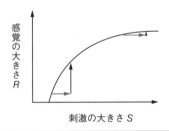

図9-1 ウェーバー・フィヒナーの法則

のような関係があり，1Nが，質量約100gの物体に働く重力の大きさ
$(0.1\,[kg] \times 9.8\,[m/s^2] = 0.98\,[N])$ であることを考えると，1Paは，1m²
の面積に100gの重さの物体が載っている場合の圧力であることがわか

る。また，音の強さは単位 W/m^2 で表され，音圧の二乗と比例関係にある。音圧レベルと音圧，音の強さの関係を表9-5に示す。

ヒトに加える刺激の大きさ S と刺激から受ける感覚の大きさ R の間に

$$R = k\log_{10} S \quad (k：定数)$$

の関係があることが，ウェーバー・フェヒナーの法則として知られている。刺激 S と感覚 R の関係をグラフにすると，図9-1のようになり，刺激 S が小さいときは，刺激の変化量が小さくても感覚の変化量は大きくなるが，刺激が大きいときは，同じ刺激の変化量でも感覚の変化量は小さいことがわかる。つまり，この法則は刺激 S が小さいほど刺激の変化に対して敏感になることを表している。したがって，デシベルで表される音圧レベルは，音の強さに対するヒトの感覚量を表していると考えることもできる。

2．環境モニタリング技術

（1）環境モニタリング

環境モニタリングは，環境を監視・追跡するために行う観測や調査のことであり，生活環境における大気，水質，土壌，騒音のモニタリングは，前節で述べた環境基準を基準として地方行政において継続的に実施されている。

大気，水質，土壌のモニタリングにおいて，測定対象は物質であり，その量や化学成分の測定・分析を行う。測定・分析を行うためには，まず物質の採取（サンプリング）を行う必要がある。サンプリングは行政が設置した観測地点において，一定時間間隔で行われている。サンプリングされた物質は，機器で測定・分析が行えるように前処理が施される。この測定・分析のために処理されたサンプルは，濃度測定機器や化学分析機器により，その濃度や質量が数値化される。数値化された情報

は，機関内および機関間のネットワークを通じて，測定日時や測定場所
の情報とともにサーバ上のデータベースに蓄積される。

　騒音のモニタリングも，行政が定めた地点において，音をマイクロ
フォンでサンプリングすることにより行われている。サンプリングされ
た音は，デジタル処理により分析され，その場で騒音レベルが計算さ
れ，ネットワークを通じて，測定日時や測定場所の情報とともにサーバ
上のデータベースに蓄積される。

　定地点におけるモニタリング（定点観測）を補完するモニタリングと
して，モバイルモニタリングや移動モニタリングが行われることがあ
る。可搬サンプラーや可搬分析機器を使用することにより，定点観測地
点以外の環境モニタリングが可能になる。移動モニタリングは，可搬サ
ンプラーや可搬分析機器を利用して，移動しながら行う環境モニタリン
グの形態で，定点の経時的な環境変化を測定することはできないが，短
時間で広範囲の環境情報のモニタリングを高密度に行うことができ，放
射線量など短時間で変化しない測定対象に対し有効である。また，個人
がサンプラーを身につけ移動サンプリングを行うことにより，個人が一
定期間に曝露した環境情報を測定することもある。浮遊粒子状物質と騒
音を例にとり，環境基準測定のためのモニタリング方法の例を解説す
る。

（2）浮遊粒子状物質のモニタリング

　浮遊粒子状物質の主なモニタリング方法には，ローボリュームエアサ
ンプラー方式，圧電天秤方式，β 線吸収方式，光散乱方式，吸光方式が
ある。各方式において，大気を吸引することにより測定を行うが，粒径
$10\,\mu m$ 以上の粒子を除外するために，大気の吸引口に，インパクタやサ
イクロンと呼ばれる分粒装置を設置する（図 9-2, 9-3）。実際のモニタ

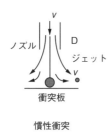

図9-2　インパクタ

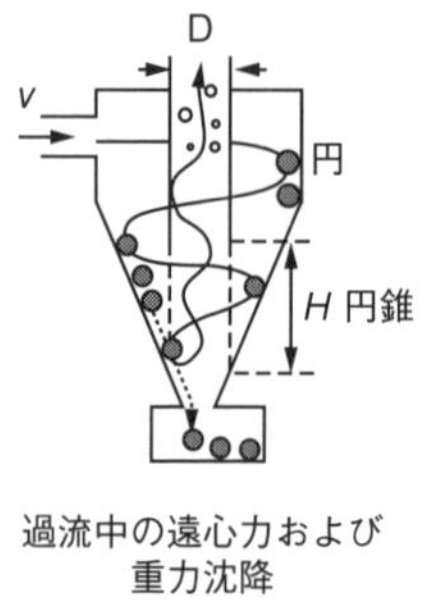

図9-3　サイクロン

過流中の遠心力および
重力沈降

リングにおいては，浮遊粒子状物質（SPM）は「10μmの粒子を捕捉する」測定装置で測定される物質であり，測定装置の分粒部は，10μmの粒子50％が通過するよう設計される。微小浮遊粒子状物質（PM$_{2.5}$）のモニタリングにおいても，同様に，測定装置の分粒部において，2.5μmの粒子50％を通過させて測定されている。ローボリュームサンプラー方式と光散乱方式による計測についてさらに説明する。

　ローボリュームエアサンプラー方式において，大気をポンプで吸引し，大気中の浮遊粒子状物質をフィルタで捕捉する。吸引流量は，16.7-30 L/minで，24時間の連続吸引を行う。フィルタには，圧力損失が低い石英繊維製フィルタが用いられる。温度20℃湿度50％において，浮遊粒子状物質を捕捉したフィルタの重量と，使用前のフィルタの重量を0.01-0.001 mgまで測定し，その差を捕捉した浮遊粒子状物質の質量とする。この質量を吸引空気量で割ることにより，浮遊粒子状物質の濃度［mg/m^3］を求める。1時間値を連続的にモニタリングするためには，自動化が困難なこの方式では不可能なため，測定値にこの方式と線形的な関係のある光散乱法，ベータ線吸収法，吸光法が用いられている。これらの方式は，速報を行うために必要な方式である。

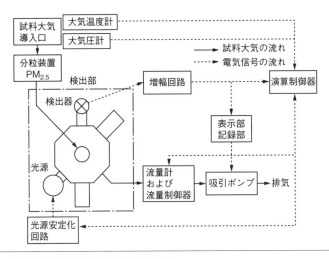

図 9-4 光散乱方式自動測定器の構成例
（環境大気常時監視マニュアルから引用）

　光散乱方式を例にとり，測定方法を説明する。この方式は，浮遊粒子状物質を含む大気に照射した光の散乱光の強度を測定する。測定機器中の暗室に浮遊粒子状物質を吸引し，この暗室に光を照射したときの散乱光の強度を測定することにより浮遊粒子状物質の相対質量濃度を求める。粒子の質量濃度が増大すると散乱光の強度は増大することを利用し，標準粒子による散乱光の強度を基準とし，質量濃度を求める（図9-4）。この測定装置は，小型化が可能であり，個人の曝露量モニタを用途とした形状のデータロガー付きモバイル測定機器も開発されている。

　吸光方式では，テープ状のフィルタ上に捕集した浮遊粒子状物質に光を照射し測定を行う。フィルタに照射した光の吸光度を測定することにより，浮遊粒子状物質の質量濃度を求める。光源にはタングステンランプを使用する。

(3) 騒音モニタリング

環境基準の騒音のモニタリングにおいて、計量法第 71 条の条件を満たし、JIS（日本工業規格）C1509-1 の使用に適合する騒音計を用いて測定し、等価騒音レベル L_{Aeq} [dB] を算出する。騒音計の構成例を図 9-5, 6 に示す。

計測する騒音の音圧は、マイクロフォンによって電圧に変換され、増幅された後、周波数重み特性回路（A 特性フィルタ）を通り、その実

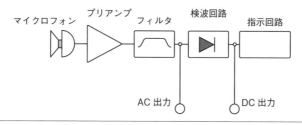

図 9-5 騒音計の構成例

図 9-6 騒音計（小野測器 web サイトより引用）

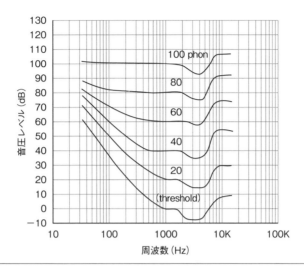

図 9-7　聴覚の周波数特性（Fletcher-Munson 曲線）

効値が検波され，騒音レベルが算出される。A 特性フィルタは，マイクで取り込んだ音圧をヒトの知覚と合うように周波数に応じて補正するためのフィルタである。図 9-7 には，Fletcher-Munson が 1933 年に提案した，音の大きさに対する人間の感覚を表した曲線で，横軸の周波数の音が，基準の周波数 1000 Hz の何 dB の音と同じ大きさに聞こえるかを表している。A 特性フィルタは，この中の 40 phon の曲線を基準に設計されている。このA 特性フィルタで重み付けをした p_A 音圧から，A 特性の騒音レベル L_A が求められる（次式）。

$$L_A = 10 \log_{10} \left(\frac{p_A}{p_0} \right)^2 \quad (p_0：基準音圧 20 \, [\mu \mathrm{Pa}])$$

測定される等価騒音レベル L_{Aeq}（Equivalent continuous A-weighted sound pressure Level）とは，ある時間内で変動する騒音レベルのエネ

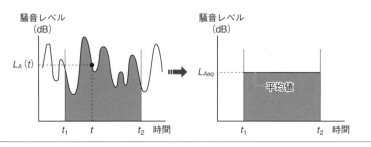

図 9-8　L_{Aeq}（等価騒音レベル）

ルギーの時間平均値のことで，次式のように，変動する音圧レベル $L_A(t)$ の二乗平均で表される（図 9-8）。

$$L_{Aeq}=\frac{1}{T}\int_{t_1}^{t_2}L_A^{\,2}(t)\,dt$$

　環境基準に係る騒音の評価は，基準時間帯の全時間を通じた等価騒音レベルによって評価を行うのが原則である。一般地域においては，基準時間帯（昼：6：00-22：00，夜：22：00-6：00）において連続測定を行い，等価騒音レベル L_{Aeq} を求める。測定日は，騒音が年間を通して平均的な状態である日を選定することが適当であるとされ，秋季の平日が一年を代表する日とされることが多い。マイクロフォンの位置は，建物から 1～2 m の距離にある地点の生活面の高さに設置する。建設作業の音や鳥や虫の声などの平常でない自然音，暴走族やパトカーのサイレンなどによる時限的に発生する音は，測定対象から除外される。

3．環境情報の可視化と共有

（1）環境情報の可視化

　測定された環境情報は，地方行政によって情報公開がされている。大気汚染情報の常時監視が必要とされる項目に関しては，地方行政は，何

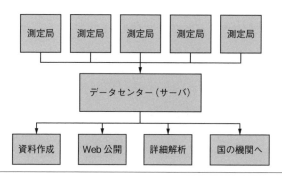

図 9-9　環境データの収集と利用

らかの手段で情報公開を行っている。インターネットが普及している今日，ほとんどの地方行政の運営している Web サイトにおいて，大気汚染常時監視項目の数値が公開され，定期的に更新されている。

　地方行政が管理するデータセンターと，常時監視（測定）を行っている測定局は，ネットワーク回線でつながっており，測定されたデータは逐次（1分ごとなど）データセンターに送信され，センター内のサーバに蓄積される（図 9-9）。環境情報の可視化は，このデータセンターのデータを用いて行われる。

　光化学オキシダントなど，生活者に即時に影響を及ぼす物質に関しては，基準値を超えたときにメールや放送などで注意や警報を配信している地方行政もある。環境省の大気汚染物質広域監視システム「そらまめ君」は，地方行政のデータセンターから測定局の測定データを集約し，全国の地図上に毎時間の測定値を色で表すことにより，生活者が情報を入手，共有する機会を提供している（図 9-10）。より多くの利用者で情報共有できるよう，マップ上でユニバーサルデザインを考慮した配色が採用される場合も多い。

図 9-10　大気汚染物質広域監視システム「そらまめ君」（環境省）
（http://soramame.taiki.go.jp/の表示画面を引用）

（2）環境情報の解析と表現

　国立環境研究所が web サイトで提供する大気汚染予測システムは，時々刻々と変化する気流や温度などの気象情報や汚染物質発生源などの情報を用いて，大気汚染予測情報を地図上に表現している。データを補間し，なめらかな色の変化で濃度を表現することにより，大気汚染情報をより直感的に把握できるように可視化されている。

　騒音に関しても，可視化し公開している都市がある。図 9-12 にその例を紹介する。騒音レベルが色で示されており，知りたい地域の騒音レベルを視覚的に把握することができる。

　道路や鉄道，空港などの騒音源に関するデータをもとに，発生するであろう騒音を計算し，地図化する場合もある。

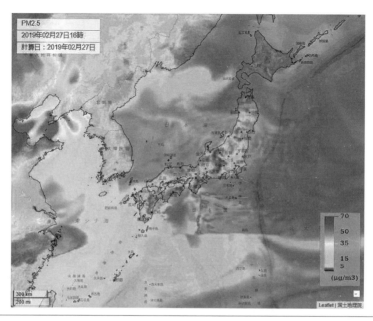

図 9-11　PM₂.₅ 濃度の予測
（大気汚染予測システム VENUS，国立環境研究所）

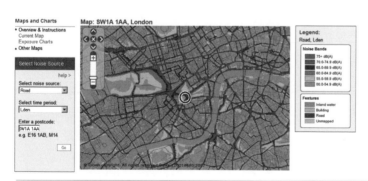

図 9-12　騒音マップ（ロンドン）
（Defra, Noise Mapping England. http://services.defra.gov.uk/wps/
portal/noise の表示画面を引用）

環境汚染情報と風向などの複数の環境情報を重ね合わせることや，汚染物質の成分を解析することで，発生源を推定する研究も行われている。自動測定装置では測定できない，特定の場所でサンプリングされた重金属成分や揮発性有機化合物（VOC）成分の濃度を，分析機器を用いて分析することにより，汚染物質発生源を推定することが行われている。

まとめ

環境情報モニタリングにおける情報収集と情報公開の方法について，大気汚染と騒音に焦点を当て，現行の事例を交えながら解説した。

コラム7／マイクロプラスティックによる海洋汚染と食の安全

プラスティック塵が海洋に流出して微粒子化（マイクロプラスティック）し，それらが海流によって拡散（図1）することにより世界規模で進行している。こうしたマイクロプラスティックは歯磨き剤や化粧品の中に含まれ，一般家庭から下水処理施設を経由して海洋に流出することで，海洋汚染をより一層深刻化させている。この問題に対処するため全世界を挙げた取り組みが開始されている。日本でも第4次循環型社会形成推進基本計画でプラスティック資源循環戦略の策定を進める一方，海岸漂着物処理推進法を改正（2018年6月）し民間に対してもマイクロビーズの使用制限を求めるなど，全世界の動きに歩調を合わせている。

こうしたマイクロプラスティック海洋汚染による海産物の食の安全が問題となっている。食物連鎖の上位にある海洋生物に高濃度に蓄積することで食の安全に対するリスクが高まる。

生物内に蓄積したマイクロプラスティックは肝臓等に集積するのみならず，その表面に吸着した催奇物質（例えば Bisphenol A：BPA）が分子レベルで生物内に拡散する。不飽和脂肪酸（$\omega 3$）は，炎症性転写因子 NFκB の活性を抑制することで健康増進に資すると期待されているが，原料として魚油を使うとこうした催奇物質が混入する恐れがある。

BPA は人間の体内に入ると内分泌を撹乱（例えば脂肪細胞上のγ型ペルオキシソーム増殖剤応答性受容体（Peroxisome Proliferator-Acti-

vated Receptor γ：PPAR-γ）を介して脂質代謝を阻害）し，糖尿病や
冠動脈疾患など代謝障害によるさまざまな疾患のほか，がんを誘発する
ことが知られている。また，BPA は血液脳関門を通過し，視床下部の
性腺刺激ホルモン放出ホルモン（Gonadotropin-releasing hormone：

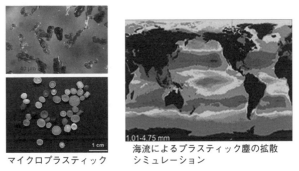

マイクロプラスティック　海流によるプラスティック塵の拡散
　　　　　　　　　　　　シミュレーション

図1　プラスティック海洋汚染

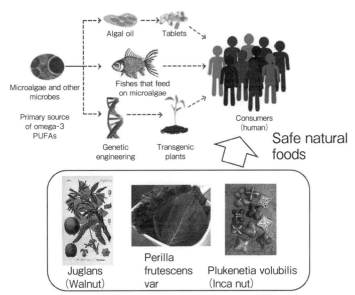

Natural plants for omega3-fatty acid supply

**図2　マイクロプラスティック汚染による海産物の危険性と植物を原料とす
る食の安全の確保**

GnRH) 神経系の活動を阻害するなど, 脳内で直接神経障害性を発現することが明らかにされている。また, 妊婦を介して胎児の脳の形成を阻害することも報告されている。

こうした海洋汚染の健康障害リスクを排除しつつ海洋生物が有する高栄養を生かした安全な食品を提供するさまざまな試みが進められている (図 2)。例えば, 不飽和脂肪酸 ($\omega 3$) の原料として, 遺伝子工学により不飽和脂肪酸を産生する植物を原料とする試みなどである。一方, クルミ, エゴマ, インカナッツなど不飽和脂肪酸を豊富に含有する植物を利用することで安全性の高い食品 (食用油) が提供されている。

参考文献

1. 大気汚染に係る環境基準, 環境省
2. 水質汚濁に係る環境基準, 環境省
3. 土壌汚染に係る環境基準, 環境省
4. 騒音に係る環境基準, 環境省
5. 柏市, 平成 25 年度環境報告書 (2013).
6. 堀雅宏, 『環境化学計測学—環境問題解決へのアプローチ法としての環境測定』(共立出版, 2006).
7. 久野和宏, 野呂雄一, 『騒音の計測と評価/dB と LAeq —音を診る』(技報堂出版, 2006).
8. Fechner, G. T., Elemente der Psychophysik. Leipzig : Breitkopf u. Härtel. (1860).
9. 騒音に係る環境基準評価マニュアル (環境庁, 1999).
10. 環境大気常時監視マニュアル第 6 版 (環境省, 2010).
11. Fletcher, H. and Munson, W. A., Loudness, its definition, measurement and calculation, *Journal of the Acoustic Society of America* 5, pp. 82-108 (1933).

10 | 快適生活環境のデザイン

片桐祥雅・川原靖弘

《目標＆ポイント》 人間が考える「快適性」をマズローの欲求の階層構造中で分類することで，快適空間をいかに設計していくべきか，その基盤となる考え方を具体的な事例とともに検討する。
《キーワード》 生活空間，災害医療，安全，マズローの欲求階層，スマートシティ，快適空間

1．快適生活空間の設計法

　快適な生活空間とは，その空間でいかに欲求が満たされるかという問いと等価である。アブハム・マズローは，図 10-1 に示すように，こうした欲求の心理学的階層構造を提案した。快適生活空間を設計する上では，こうした人間の階層的欲求の構造の特徴を考慮し，個々に検討する必要がある。この節では，まず下層の欲求，生理的欲求と安全欲求に焦

図 10-1　欲求の階層

点を当て，現在の生活空間デザインの基盤要素について解説する。

（1）救急医療

　個々人にとって上位の欲求を満足するのに下位の欲求が満たされることは必ずしも必須ではないが（下位の欲求が満たされていない場合でも，上位の欲求が満たされる場合がある），安全・安心社会を実現する上では，下位の欲求を満たす社会システムの構築は重用である。そこで，本節では，生理的欲求・安全欲求についてもう少し詳しく考えてみる。

　日々の生活の中で万一急性の重篤疾患や負傷をした場合に適切に救助されるか，という問題がある。乳幼児・高齢者あるいは他の人の援助を必要とする人々にとって，この問題は重要である。これに対して，地域医療では，かかりつけ医と3次救急を担当する拠点病院，2次救急を担当する地域中核病院等の医療機関が連携し，24時間体制で重篤な傷病から私たちの生命を守っている。

　こうした救急医療の効率化を図るため，こうした医療機関の間で傷病者の情報の共有化が進められようとしている。例えば，救急車としても利用可能なドクターアンビュランスに搭載する生理計測機器の情報を傷病者搬送中にリアルタイムで病院システムに伝送することで，周術期のシームレスな情報管理も可能になりつつある。

　救急搬送された場合，意識があり病態が安定していれば，一般的に入院から退院まで以下のように推移する（重篤の場合には⑥から開始される）。

① 救急搬送
② 問診および臨床像（身体所見）の把握
③ プライマリケア

④ 精密検査

⑤ 入院の可否（鑑別診断）

⑥ 入院—術前検査

⑦ 手術

⑧ 術後治療またはケア（集中治療室，一般病棟）

⑨ 退院

　こうした周術期の流れにおいて，重篤な傷病に対しては，患者情報を事前に知ることで医療者は適切な診断，処置を迅速に行うことができ，救命率を向上させることが可能となる。

　また，急を要しない傷病に対しても，ICT は傷病者と医療者の距離を縮める。例えば，院内情報システムの進展により，検査部，医局，処置室，病棟といった各部署にわたりネットワークが構築され，医療情報が一元管理されるようになってきた。こうしたシステムの実現により，院内であればいつでもどこでも患者情報にアクセスすることが可能となった。

　こうした医療情報ネットワークを外部の医療福祉機関に拡張しようとする試み（医療クラウド）が進展している。こうした仕組みを医療連携に適用することにより，前方連携（かかり付け医との連携），水平連携（急性期病院等），後方連携（リハビリ病院，介護施設等）にわたりスムーズなユニバーサルサービスを傷病者に提供することが可能となる。特に介護領域において被介護者の医療情報を迅速に取得することにより，適切な介護認定，計画を傷病者に提供することができる。

　こうした地域医療・介護連携を推進するためには，情報の安全性に常に配慮していかなければならない。このための取り組みとして，医療者自身が情報セキュリティに対して高い意識を持つよう啓蒙を行う一方，

医療機関が国際標準（ISO/IEC27001）である情報セキュリティマネジメントシステム（ISMS）の認定を受け，患者情報を適切に管理していくことも必要となる。

（2）災害医療

　こうした救急医療体制が確立する中，大規模災害に対しての備えを万全にしておく必要がある。

　大規模災害といった場合，巨大地震，巨大台風などの自然災害のほか，化学プラント事故，大規模火災，航空機，列車事故，テロリズムなどの特殊災害が挙げられる。多数の傷病者が出た場合，限られた医療資源の中で最大限のサービスを提供するため，優先順位を決めるトリアージが救命率を高めるため有効である。現在，トリアージを行う人は法的には制限されていないが，現状では医学的背景がある医師，看護師，救急救命士が行っている。こうしたトリアージは，個々の傷病者の病態に対する治療の優先順位を判定するものであるが，災害規模に依存するトリアージもある。

　個々の傷病者に対しては，ふるい分けトリアージ（START式トリアージ）が適用され，歩行，呼吸，循環，中枢の順にふるい分けが進められる。ふるい分けのカテゴリーは4つで，優先順位別に治療システムが準備されている。

第1順位（赤）：直ちに救命処置が必要
第2順位（黄）：6時間以内に治療が必要
第3順位（緑）：直ちに治療の必要はない（治療猶予）
第4順位（黒）：死亡もしくは救命不能（放置）

　こうしたSTART式トリアージを電子化するとともにウェアラブル生体情報センサを傷病者に提供し，モニタする生体情報（血圧，脈拍数

等）を基に自動でトリアージ順位の変更をリアルタイムに行うシステムが提案されている。こうしたシステムは，クラッシュ症候群等遅発性の重篤な病態を検知し搬送を促すことで，救命率の向上に貢献することが期待されている。

　このような分類のほか，大規模災害においては，治療を行っても救命できない場合，必要とする治療が医療資源を大幅に制約してしまう場合には，待機（治療しない）群として青のラベリングが行われる場合もある。

　一方，災害規模に応じたトリアージでは 4 つのカテゴリーが設けられている。

カテゴリー 1：2 時間以内に根治可能で，災害規模が限定され，非被災地からの医療資源供給が十分な場合。ほとんどの傷病者は搬送される。非搬送対象：頭部外傷（散瞳等），躯幹外傷で蘇生処置に反応がない場合，広域熱傷（体表の 80％以上）

カテゴリー 2：2～12 時間以内に根治的な治療が可能である場合。災害規模は比較的大きく，近隣医療資源が不足している状態であり，遠隔地からの医療支援または遠隔地への搬送が必要。非搬送の傷病者が発生する。非搬送対象：カテゴリー 1＋頭部外傷（低覚醒等），躯幹外傷で循環不安定，広域熱傷（体表の 50％以上）

カテゴリー 3：12～24 時間以内に根治的な治療が可能。災害は大規模であり，広域からの医療資源の提供を必要とする。地方自治体は自衛隊に対して直ちに支援を要請する必要がある。非搬送対象：カテゴリー 2＋要開頭，躯幹外傷

カテゴリー 4：大規模災害（広域にわたり壊滅的な打撃）で根治治療開始まで 24 時間以上かかる場合。医療資源は意識がある傷病者（第 2 優

先順位），または歩行可能な傷病者（第3順位）に対して優先的に投下。

　このように災害規模に応じて，災害現場での救急搬送あるいはプライマリケアの優先順位が入れ替わる。災害規模が大きくなるほど，医療資源の優先順位は軽症の傷病者に向けられる。このため，現場の医療者においては，目の前の傷病者を放置しなければならないという苦渋の決断に迫られる。こうした過酷な任務を遂行するため，災害規模や非被災地域の医療資源に関する情報を迅速に収集し，大規模災害の宣言（あるいは非常事態宣言）をいち早く行って，医療資源ロジスティックスを適切に運用することが重要である。

（3）災害情報の収集

　大規模災害では医療をはじめとする各種のロジスティックスを迅速に確立する必要があり，そのために被災地の情報収集は重要な意味を持つ。壊滅的被害のある災害現場では，航空機等を使った上空からの観察のほか無人探査機の活用も将来的には有効と思われる。しかし，特に医療ロジスティックスでは，救命救急も含めて災害現場にいち早く立ち入ることが重要であると考えられている。

　地域医療・救急医療分野で医師を傷病者のいる現場に直接出場させ治療の開始ができるドクターアンビュランスは，その有用性が認められ全国的に導入が進んでいる。しかしながら，倒壊した建築物がある地区では道路が寸断され，ドクターアンビュランスの活用には限界がある。

　このような課題に対して，軽自動車をベースとした小型ドクターカーが開発されている。この車両の特徴は小型，低燃費にあり，従来のドクターアンビュランスよりも災害現場では圧倒的に活動範囲を広くすることを可能としている。また，低コストで量産可能なことから，カテゴ

情報収集　　　　　　　　　　貨物輸送

図 10-2　ドローンの活用

リー 4 で大量の傷病者の処置を可能とする。さらに車内搭載設備および空調が完備されていることから，多数の車両を配置して被災地にテンポラリーに医療拠点を設置することも可能となる。

　また，近年，大規模災害時に対して，被災危険地帯（大規模火災，化学工場，核施設等での漏洩事故等）におけるドローンを活用する動きが高まりつつある。図 10-2 に示すように，カメラや各種センサを備えたドローンはすでに実用化されており，自治体，消防庁や陸上自衛隊等でその活用が進められている。また，パワーエレクトロニクス技術の進展とともに大型ドローンの開発も進められており，災害時の物資輸送のみならず傷病者の救急搬送への適用が期待されている。

（4）感染症

　感染症による死亡者数割合は世界的に減少しているものの，依然として死因の 25％強を示している（2002 年時点）。

　こうした感染症は風土病とも関わりが深く，航空機等による移動手段の発達とともに世界流行（パンデミック）に発展するリスクが高まっている。また，気候変動によりウイルス・細菌を媒介する生物種の生態系の変化が，パンデミックリスク増大を後押ししている。例えば，ジカウ

表 10-1　感染症による死亡者数の割合（全世界）

順位	死因	2002 年の死者 （百万）	死因に占める 割合（%）	1993 年の死者 （百万）	1993 年の順位
N/A	感染症すべて	14.7	25.9%	16.4	32.2%
1	下気道感染症[10]	3.9	6.9%	4.1	1
2	HIV/AIDS	2.8	4.9%	0.7	7
3	感染性下痢[11]	1.8	3.2%	3.0	2
4	結核（TB）	1.6	2.7%	2.7	3
5	マラリア	1.3	2.2%	2.0	4
6	麻疹	0.6	1.1%	1.1	5
7	百日咳	0.29	0.5%	0.36	7
8	破傷風	0.21	0.4%	0.15	12
9	髄膜炎	0.17	0.3%	0.25	8
10	梅毒	0.16	0.3%	0.19	11
11	[[B 型肝炎]]	0.10	0.2%	0.93	6
12-17	熱帯病(6)[12]	0.13	0.2%	0.53	9,10,16-18

イルスは蚊を媒介とするもので，感染者に致命的な影響を与えないもの
の妊婦が感染した場合には胎児が水頭症を発症するなどのリスクを有す
る。こうした蚊の生息区域は地球温暖化により年々北上しており，日本
をはじめとする北半球の先進諸国でその脅威が高まりつつある。このた
め世界保健機構（WHO）でも緊急事態（PHEIC）を宣言し，全世界に
向けて警告を発している。

　感染症で問題となるのは，薬剤耐性菌（ウイルス）の出現である。こ
れは，ウイルスの遺伝子の変移によるものである。ウイルスが重篤な症
状を発症させる場合には，こうした耐性菌が出現すると，薬剤の効果は
50〜100 分の 1 に低下し，致命的に治療効果を無効にする。例えば，A
型インフルエンザ治療薬として開発されたバロキサビルマルボキシル
（ゾフルーザ）が挙げられる。ウイルスは宿主細胞で増殖するため自己
の RNA を複製し，細胞内のリボソームにタンパク質を合成させる必要

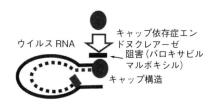

図 10-3　Ａ型インフルエンザの増殖を抑制するキャップ依存性エンドヌクレ
アーゼ阻害薬

がある。この過程で自己の RNA を複製し mRNA を多数製造するが，
その転写（タンパク質合成）に必要なものがエンドキャップ構造である
（図 10-3 参照）。ウイルスはこのエンドキャップ構造を宿主から切り
取って利用する。この切り取りに自分自身が持つキャップ依存性エンド
ヌクレアーゼを用いる。バロキサビルマルボキシルは，このキャップ依
存性エンドヌクレアーゼを阻害する分子標的薬であり，この阻害剤によ
りウイルスは RNA の転写を開始することができず，増殖は事実上阻害
される。しかしウイルスの遺伝子が変異しキャップ依存性エンドヌクレ
アーゼに分子的変異が生じるとバロキサビルマルボキシルの効果は消失
し，ウイルスは薬剤耐性を獲得する。
　こうした薬剤耐性に対して抗菌薬の新規開発には限界がある。このた
め，抗菌薬の適切な使用により耐性菌の出現を抑制するとともに耐性菌
の拡散をできるかぎり防止することが重要となる。

2．IoT による快適生活空間デザイン

　生理的欲求と安全欲求における，現在の生活空間デザインの基盤要素
について医療安全の視点から見てきた。この節では，これらの要素を生
活空間で活用するための，実空間での情報インフラの活用方法，そして

マズローの欲求の上階層の実現に着目した生活空間のデザインについて考える。

(1) スマートシティ

　スマートフォンに代表されるモバイル端末によるモバイル ICT（情報通信技術）や機械学習（Machine Learning），M2M（machine-to-machine）の技術の生活空間への応用が急速に進んでいる。モバイルインターネットでは，カーナビから歩行者ナビへの進展。ビッグデータや機械学習では，インターネットショッピングによるレコメンデーションや実店舗への誘導，高速の株取引など，利用している生活者は多い。さらには，センシング，モニタリングの技術と連動した IoT（Internet of Things）やインダストリー 4.0 など，生産技術をネットワーク化し，新たな産業革命をもたらそうとしている。電力自由化の例でいえば，スマートメータによる電力使用のモニタリングを全世帯で行い，エネルギーの効率的利用に結び付け，災害対策としている都市も増えている。このような情報化の進展は，まちづくりの分野にも及びつつあり，新たなまちづくりの方向性として，大きな可能性を秘めている。

　個人の行動のコンテクストやそのとき置かれている社会的状況の変化を有効利用できる ICT を利用したまちのインフラ整備により，個人にとって必要なサービスを匿名環境で予測できるアルゴリズムをまちに実装できる。このようなスマートシティにおける ICT の活用イメージを図 10-4 に示す。まちの利用者それぞれに対し個別に有用な情報が提供され，現実のまち空間の利用者のフィルタを通した SNS の活用によるフィードバックが，人と人との交流や特定の状況において好まれるまち空間を生み出し，まちづくりの潤滑剤となる。

　このようなまちづくりにおける情報インフラの整備は，医療や災害だけでなく広い分野において，人間の欲求を満たすための環境創成を実現

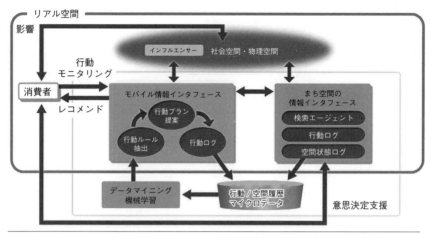

図 10-4　スマートシティにおける ICT の活用

できる。その事例や構想をいくつか紹介する。図 10-5 はスマートセン
サを活用したリサイクル促進モデルの構想で，ゴミの排出量に応じて回
収を行うので，補間スペース利用や回収業務の効率化が図れ，環境負荷
低減にも貢献する。図 10-6 はモバイル端末などで収集可能な日常生活
における健康データや行動データを用いて健康アドバイスを行うまちづ
くりの構想である。図 10-7 は，脈波などの来街者の生体情報やその場
の環境情報を用いて，より快適度が高くなると推定される屋外空間を利
用者個別にレコメンドする試みで，スペースの有効利用促進を想定して
いる（大林組，ISID，放送大学，2016 年）。脈波変動や同行者との関係
性を街頭のデジタルサイネージ端末に搭載された CCD カメラで取得し
た画像の解析により推定することで，モバイル端末を利用しなくても実
現が可能である。

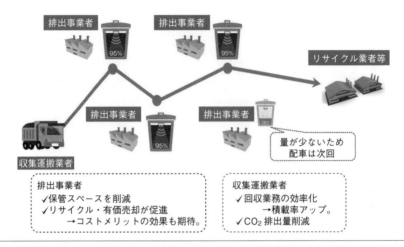

図 10-5 スマートセンサを活用したリサイクルの促進モデルの構想（京都府資料）

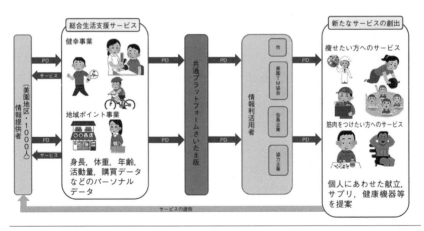

図 10-6 ヘルスケア分野におけるパーソナルデータ利活用の構想（さいたま市資料）

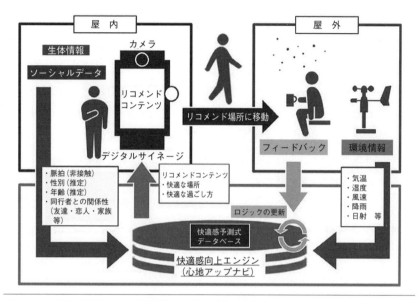

図 10-7　屋外空間への個別誘導アプリの概念図
　　出典：大林組プレスリリース「建物利用者を快適な空間へと誘導す
　　るアプリを共同開発」より

（2）Wi-SUN センサネットワーク

　マズローの欲求の階層における「帰属欲求」は，家族や組織（企業や
地域コミュニティ）に所属し孤独感から解放されることで満足される。
しかし，インターネット社会ではこうした実空間での人と人のつながり
がなくてもサイバー（仮想）空間でのつながりがある場合には，代償的
にこの欲求が満足されると考えられている。こうした状態を別の角度か
ら見た場合，社会的利便性を堪能している状態であるともいえる。

　ネット社会の利便性を実現するうえでこれまで「クラウドネットワー
ク」が主要な役割を果たしていた。これはすべてのクライアントの個人
利用端末をネットにつなぎ，情報をデータセンターで解析・加工して付

加価値をつけクライアントに提供するというサービスである。モバイル通信の環境が整備されいつでもどこでもネットにリンクすることができるようになった今日，極めて利便性の高いサービスを受けることが可能となった。しかし，情報の一元管理は個人情報漏洩や目的外利用のリスクを高める結果となっている。例えば，携帯電話の GPS 機能を利用してタクシーをネット上で手配するサービスが海外で開始されたが，顧客の位置情報をサービス終了後も取得しマーケティング等に利用しようとするなど，企業倫理が問われる事件も発生した。

　こうしたネット社会の利便性を損なわずにリスクのみを下げることが今後の大きな課題となっている。その解決策として，クラウドネットワークを「破壊する」アドホックネットワークの検討が進められている。アドホックネットワークは，複数の通信ノードをメッシュ状に配置し，近接のノード間で通信することにより全体を一つのネットワークに融合しようというものである。こうしたアドホックネットワークの要素技術の１つとして，IEEE で国際標準化された Wi-SUN（Wireless Smart Utility Network）方式（図 10-8）が着目されている。Wi-SUN は，LPWA（Low Power, Wide Area)と呼ばれる，低消費電力で長距離無線通信を実現する通信方式の１つで，この方式を用いれば通信ノードを電力線を用いないで配置することが可能となる。他の通信方式と比

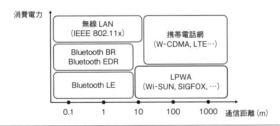

図 10-8　無線通信規格の通信距離と消費電力

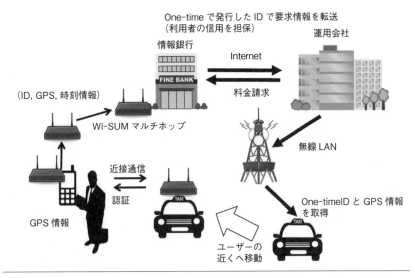

図 10-9　Wi-SUN と情報銀行により個人情報を秘匿したサービスの展開

較したときの，消費電力および通信距離のイメージを図 10-8 に示す。
このため，最小限の初期投資で無線電波の届かないオフィスビルやトン
ネルといった構造体に無頓着にアドホックネットワークを展開すること
ができる。省電力と引き換えにデータ通信速度には制限があるものの，
大容量通信を必用としない IoT 機器を接続するセンサーネットワーク
への適用が期待されている。

　こうした Wi-SUN による将来のサービス展開のイメージを図 10-9 に
示す。これは携帯電話によるタクシーの配車サービス事例である。クラ
イアントの携帯電話の GPS 機能を使ってタクシーを手配しようとする
場合，Wi-SUN を間に介することで個人情報をタクシーの運用会社に
取得されることなく配車サービスが受けられるようになっている。タク
シードライバーは，クライアントが提供する GPS 情報を基にクライア

ントに近接した後，Wi-SUN の自動接続機能を使って互いに認証することで，サービスの提供（タクシー利用）が開始される。クライアントとタクシー運用会社に情報銀行が介在することもこのシステムを支える上でキーとなる。この銀行はクライアントの情報を「預かる」と同時にタクシー運用会社に対してクライアントの信用を担保する役割も果たしており，利用料の支払いの代行機能も有している。クライアントが利用する ID は一時的なものであり，運用会社がその情報を蓄積しても個人を追跡することはできない。

　個人情報の取り扱いについては，EU および EU 加盟国および欧州経済領域において，罰則を伴う一般データ保護規則（General Data Protection Regulation：GDPR）を策定し，2018 年 5 月 18 日より厳しく監視している。「個人のデータは個人に帰属する」という原則を基盤とするこの GDPR の趣旨を理解し正しく情報管理を行うことが，現代の情報化社会では求められている。Wi-SUN アドホックネットワークは，個人情報保護という点で脆弱性を本質的に有する従来のクラウドに対して「破壊的」革新をもたらす可能性があるものであり，本節で紹介したタクシー利用にとどまらず，より厳しい情報管理が必要となる医療情報システムへの展開が期待される。

3．自己実現に向けた快適生活空間の構築

　物質的欲求を満たす利便性の高い生活空間にあっても，われわれはさらに自己の存在を他者から認知してもらいたいという尊厳欲求から，さらに自己の存在の痕跡を社会に残したいという自己実現欲求へと上位の欲求の階層を目指そうとする。言い換えると，高度な人工知能を搭載したロボットといえども，人間の代償としてこうした究極の欲求を満たすことができない。

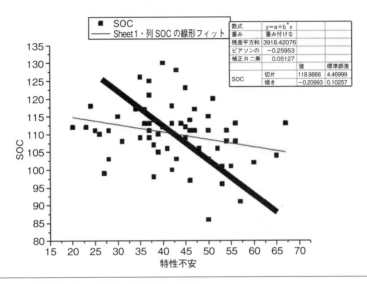

図 10-10　特性不安と首尾一貫感覚の相関

　図 10-10 は，首尾一貫感覚（Sense of Coherence：SOC）のスコアと
不安尺度検査で評価される特性不安（時々刻々変化する状態によらず持
続的に続く不安の尺度）との関係を示したものである。SOC はスコア
が高いほどストレス耐性がある（困難を乗り越える力が強い）とされて
おり，信頼できる他者への依存度を示していることも知られている。こ
の調査からは他者への信頼度が強いほど不安が小さくなる負の相関関係
が得られている。不安が小さいほど快適性が高いとするならば，人と人
が信頼関係でつながっていて相互に扶助し合う社会ほど快適であるとい
える。

　人と人のつながりがある空間は，快適性という気分を超えて深部脳を
活性化することで健康維持に資する事例をここで紹介しよう。ここで脳
波による深部脳活動の評価法について簡単にふれておく。図 10-11 に示

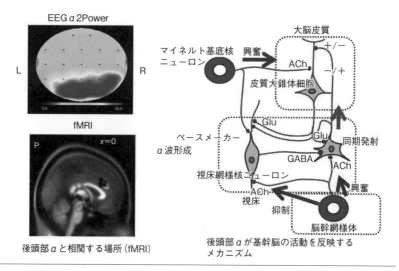

EEG α2Power

L　　　　R

0.0　　　　30.0

fMRI

P　　　　x＝0

後頭部αと相関する場所（fMRI）

大脳皮質

マイネルト基底核
ニューロン　　　興奮　　　＋/−
　　　　　　　　　ACh　　−/＋
　　　　　　　皮質大錐体細胞

ペースメーカー　　Glu　　Glu　　同期発射
α波形成　　　　　GABA
　　　　　　　　　　　　　　ACh
視床網様核ニューロン
　　　　　　　ACh　　　　興奮
　　　　　　　視床
　　　　　　抑制　　脳幹網様体

後頭部αが基幹脳の活動を反映する
メカニズム

図 10-11　後頭部脳波 α 波強度と相関する上部脳幹モノアミン神経系の活動

すように，脳波自体は皮質表面の大錐体細胞が形成する電気的双極子が発生する頭皮上の電位により検知されるものであるが，この大錐体細胞は視床にある視床網様核ニューロンの活動の変調を受けている。この変調の低周波数ゆらぎ（0.04 Hz 以下）と相関する場所を fMRI-脳波同時測定から同定した結果，上部脳幹にあるモノアミン神経系であることが明らかにされている。

　この脳波による深部脳活動評価法を基盤に，音環境の変化による深部脳活動度の推移を安静閉眼での被験者に対して測定した（図 10-12）。図の網掛け部分が示すように，穏やかなクラシック音楽を呈する環境であるにもかかわらず深部脳活動は時間の経過とともに減弱していくことが判明した。これは穏やかなクラシック音楽が呈する音環境よりも内発的な不安感が勝り，「快適ではない」状態を形成することを意味してい

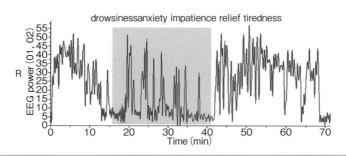

図 10-12　**孤独感による基幹脳機能の低下**

る。一方，この実験で試験開始後 40 分を経過したところで実験室内に
入った人たちが会話をするという環境の変化に対して深部脳活動の減弱
は速やかに解消されている。孤独に置かれた空間から人がいる空間へ変
化することが深部脳活動を高めたといってよい。社会的尊厳欲求を満足
する空間を得ることが健康維持に大切であることが理解できる。

　人と人がつながるコミュニティは凝集力が高く，継続的に参加しよう
とするモチベーションの高い人が多く帰属していることがいくつかの調
査研究により明らかにされている。こうしたコミュニティとして，会員
同士のつながりがある音楽や体操クラブが挙げられる。

　ところが，こうしたコミュニティにおいて，個々人に着目した取り組
みが重視されるようになった。例えば，凝集意識を高める（集団への帰
属意識を高める）集団的音楽療法に対して，個々人の音楽的才能を重視
する「音楽活動」が提唱されるようになった。若年者に交じって高齢者
が参加する音楽教室が音楽大学で展開されている。ここに参加する高齢
者の多くに自己の音楽才能を開花させたいという自己実現欲求の存在が
認められている。近年，こうした自己実現欲求の重要性を音楽療法士，
臨床心理士などの現場のセラピストが認識するようになり，個々人を対
象とする新たな音楽療法の取り組みが模索されている。

参考文献

1. 大友康裕（編），『DMAT』（永井書店，2009）．
2. 二宮宣文，山口孝治（編），『トリアージ―日常からトリアージを考える』（荘道社，2014）．
3. 川原靖弘，斎藤参郎 編著，『ソーシャルシティ』（放送大学教育振興会，2017）．
4. 総務省，情報通信白書令和元年版，（2019）．
5. General Data Protection Regulation：GDPR，
   http://data.europa.eu/eli/reg/2016/679/oj（2016）．

11 | 生活環境のデザイン
感性情報の提示と選択

喜多伸一

《**目標＆ポイント**》 情報通信技術が進むにつれ，伝達される情報内容が人間にとって親密なものとなってきている。この章では，注意・判断・感性・身体性など，情報認知に必要なヒューマンファクターについて説明する。そのうえで，生活環境に密着した情報内容のデザインについて議論する。
《**キーワード**》 注意，判断，選択，リアリティ，アフォーダンス，デザイン

1. 注意と判断

（1） 選択的注意

　環境の中にある情報を認知するには，その対象に注意を向ける必要がある。人間の注意機能については，まず覚醒水準の問題が取り上げられた。初期の研究の代表例に，軍事用のレーダを監視している人が，疲弊すると，ぼんやりして対象を見落とすことがあるので，その対策のため，脳波を計測して覚醒水準を調べたものがある。

　注意機能のその後の研究は，覚醒水準が十分に高く，課題に集中している人を対象にして行われるようになった。そして，環境内の膨大な情報から必要なものを選び，それにだけ注意を向けるという，選択的注意（selective attention）の問題が重要視されるようになった。

　選択的注意の実験的研究は，まず聴覚で行われた。これは，左右に耳に別種類の音声メッセージを聞かせ，片方だけを追唱（復唱）することで，そちらだけに注意させる，両耳分離聴という実験技法が 1950 年代

に開発されたことによる。この技法を用いて聴覚に関する注意機能が調べられ，その結果，声の大きさや高さのような物理的に単純な特徴は注意しなくても処理できるが，メッセージの内容のような複雑な特徴は注意していないと処理できないことがわかった。またそれとともに，人を呼びとめるときにその人の名前を呼ぶときのように，自分の名前は，特に注意していなくても処理できるということもわかった。膨大な情報にあふれている環境内から，必要な情報を選んで取りだして注意を集中する機能は，これらの聴覚実験から，カクテルパーティ効果（cocktail party effect）と呼ばれている。

　視覚に関する選択的注意の実験的研究は，テクスチャ（texture；肌理（きめ））の知覚や，図形に対する反応時間の研究として行われた。テクスチャとは，物体の表面に多数の小さな要素図形が規則的に並び，表面全体を敷き詰めていることを指す。要素図形が異なるテクスチャを見て識別するとき，人間は，要素図形が単純なときにはちゃんと識別できるが，要素図形が複雑なときには識別することができない。このことから，人間が多数の図形を一目見て処理するためには，図形の複雑性に限界があることがわかった。

　反応時間を用いた選択的注意の視覚実験には，視覚探索（visual search）がある。視覚探索とは，実験参加者（被験者）の眼の前に多数の図形を提示し，その中に，あらかじめ決めておいた標的図形（ターゲット）があるかどうかを判断してもらい，反応時間を計測するというスタイルの実験で，いくつかのバリエーションがある。実験の論理は次のようになる。標的図形が一目でわかるような特徴をそなえていれば，その図形はポップアウトし（popout），提示された図形全体の個数が増えても，反応時間は長くならないであろう。また標的図形が一目ではわからず，提示された図形のひとつひとつに注意を集中しなければ判断で

きないのであれば，提示された図形全体の個数が増えると，反応時間は
長くなるであろう。

　視覚探索の研究のうち，もっとも有名なものは，特徴統合（feature
conjunction）の実験である。アン・トリーズマンらは，1980 年に発表
した論文で，色や形のような単純な特徴で定義された図形は一目でわか
るが，それらを複合した特徴で定義された図形は一目ではわかりづら
く，反応時間は提示図形の個数に比例して長くなる（図 11-1 参照）。こ
の特徴統合の問題は，心理学だけでなく，大脳の各部位の情報統合に関

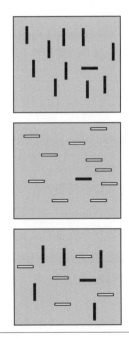

図 11-1　特徴統合の実験図形
白・黒の縦線分・横線分が要素図形となる。いずれも黒い横線分は 1 つだけ
で，このことは上段は線分の方位（向き），中段は白黒で一目でわかるが，
下段は 2 種類の特徴が複合されており，一目ではわかりづらい。

する結合問題（binding problem）ともつながる大きな問題であり，多くの研究領域にわたって関心を集めている。これらの視覚探索の実験と類似した実験は，聴覚や触覚でも行われている。

　反応時間を用いた選択的注意の有力な実験には，視覚探索以外では，損失利得法（cost-benefit analysis）の実験がある。これは，標的が提示されるとボタンを押すというだけの単純な課題で，標的の提示に先立って手がかりを与えておくと，ボタン押しの反応時間が変化することを利用したものである。課題遂行に有効な手がかりを与えると反応時間は短くなり（利得），課題遂行を阻害する手がかりを与えると反応時間は長くなる（損失）。この課題も汎用性が大きく，さまざまな形のバリエーションがあり，選択的注意の時間特性を調べるために有効なものとして広く用いられてきている。

（2）個人と集団の決定

　選択的注意の研究は，選択し判断するという行動を，ひとりの人間の内部の問題としてとらえたものである。しかし実際の判断や決定は，ひとりだけではなく，数人からなる集団で行うことも多い。このような集団意思決定（group decision making）の問題は，政治学から心理学にかけて広く研究されてきており，現在では社会脳の研究として脳科学のテーマとなっている。研究の発端は，1960年代初頭のアメリカとキューバの紛争に由来している。

　「三人寄れば文殊の知恵」という言葉に表されるように，多くの人が相談して判断すれば，衆知を集めることになるので，ひとりで考えた判断よりもよいものとなると，一般には信じられているように思える。しかし実際には，政治の現場においても心理学実験室においても，逆の結果になることが多い。すなわち，ひとりで考えれば正解にたどりつける

ようなときでも，複数の人間が相談して判断すると，正解からは遠ざかり，不思議なほど愚かな判断をしてしまうことが少なくない。集団がこのような愚かさを持ちがちであることから，集団思考（groupthink）のことを「集団的浅慮」と呼ぶ研究者もいる。集団が持つこのような愚かさは，個々の成員が所属する集団に対する過大評価，外集団に対する過小評価，他人の意見へのただ乗り（フリーライド）などが挙げられている。ただし，専門家同士の協議はこのような愚かさに陥らないことが多い。インターネットが発達し，判断に至る協議がネットを媒介して行われるようになった現在，集団が持つこのような賢さと愚かさの事態を調べで原因を明らかにし，愚かさを回避する手段を講じることが必要である。

（3）最適な決定方式

　選択や決定が前項のような誤謬をもたらす可能性がある以上，優れた判断を行いよい決定を下すためには，最適な決定方式についての知識が必要になる。このような決定方式として古典的なものにベイズ推定がある。これは18世紀のイギリスの数学者で神学者のトマス・ベイズが提案したといわれるベイズの定理に基づく推定方式であり，観測事象の原因事象の確率を，条件付き確率の集合を用いて計算する方式である。

　例えば，中が見えない袋がAとBの2つあり，袋Aには赤球が10個と白球が10個，袋Bには赤球が5個と白球が15個入っていたとする。袋をランダムに選び，その中からランダムに球を取り出して，その球が赤球だったとしよう。その球が取り出された袋がAだった確率を計算する（図11-2参照）。

　ここで観測事象は取り出された球が赤であることを指し，原因事象は袋がAであることを指す。観測以前の確率を事前確率と呼び，これは

取り出された球が赤か白かがわからない時点で，どちらの袋から取り出
されたかを判断する確率であり，袋の選び方はランダムだったので，

$$\frac{1}{2}$$

となる。取り出された赤球が袋 A からのものである確率は

$$\frac{（赤球が袋Aからの確率）}{（赤球が袋Aからの確率）＋（赤球が袋Bからの確率）}$$

で計算でき，

$$\frac{\frac{1}{2}\times\frac{10}{20}}{\frac{1}{2}\times\frac{10}{20}+\frac{1}{2}\times\frac{5}{20}}=\frac{2}{3}$$

となる。赤球はもともと袋 A のほうが多かったわけだから，事前確率
よりも大きな値となり，直感と合致する。この確率から，当該の赤球は

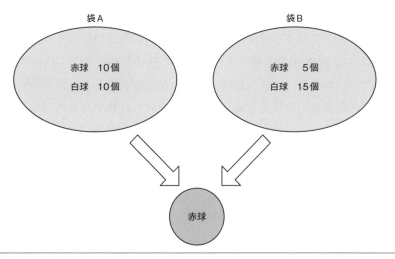

図 11-2　原因事象と観測事象

袋 A から取り出されたとするような決定方式は，平均誤り率が最小となるということが知られており，その意味で，ベイズ推定は最適性を有する。

　ベイズ推定は設定が単純であることから多くの推定・決定問題に用いられてきた。また人工知能の分野ではベイジアンネットワークとして有名であり，平均誤り率が最小となるのでパターン分類には有効である。一方，ベイズ推定は人間の素朴な直感に反する場合もあるという指摘もあり，三囚人の問題というパラドクシカルな問題をはじめとする実験的検証が数多く行われてきている。

2. 感性の表現

（1）感覚モダリティを横断する情報表現

　感性には，感覚性，印象性，直感性，無意識性，暗示性，審美性，表現性，主観性，多義性，情緒性，身体性，洞察性，多変量性，創発性など，多様な側面があることが指摘されていることを，第3章ですでに示した。ここで筆頭に挙げられている感覚性について，種々の感覚モダリティについて，感性の持つ性質が調べられている。五感のうちではやはり視覚に関する研究が多く，図形や色に関し，SD 法をはじめとする手法を用いた研究が行われている。ここで興味深いことは，SD 法で抽出された，評価性，活動性，力量性という要因が，形や色のような単純な視覚次元だけでなく，音楽，言葉，映像，顔表情のような多様な次元の対象においても抽出され，安定していることである。その結果，形，色，音楽，言葉などの対象が，評価性，活動性，力量性において同等の数値を持つとき，人はそれらの対象を，感覚モダリティが異なっているときでも，類似していると感じる。

　感覚モダリティを横断する情報表現として近年盛んに研究されている

現象に，共感覚（synesthesia）がある。これは，白黒の文字に色がついて見えたり，音に色がついて見えたりする現象である。そのような共感覚者は一定数存在する（共感覚者という定義は明確ではなく，詳しい調査も行われていないが，存在の割合は２百人から２万人に１人程度であろうという推定例もある）。共感覚という現象は，従来，逸話として語られてきたに過ぎなかった。しかし 2000 年代に入って心理学実験や生理学実験が数多く行われ，心理現象が頑健であることや，生理学的実体が存在することが明らかになっており，感覚モダリティを横断する情報表現の実態が明らかになってきている。

　質感の知覚（material perception）も，感覚モダリティを横断するものとして，近年よく研究されている。人間は物体表面の質感を視覚や触覚を通じて知覚し，音の質感を聴覚を通じて知覚する。そして知覚した質感に基づき，その物体の素材が金属かプラスティックか，固いか柔らかいか，食物ならば新鮮かどうかなどの情報を瞬時に得ることができる。こういった質感の研究のパイオニア・スタディに，本吉勇らが行った，物体表面の光沢感のような質感特性が単純な画像統計量で決まり，それは視覚の初期過程の性質を反映していることを示したものがある。

（2）身体性

　感性が持つ主観性や身体性は，感覚と身体の関係に由来する部分が大きい。五感は，単に外界の環境を認知するだけでなく，身体の制御にも役立っている。また五感を刺激するだけで，身体が移動したり，身体位置が実際とは異なって感じられたりすることがある。

　五感と身体の関係で最もよく調べられているものは，ベクション（vection；視覚誘発性自己運動感覚）である。これは視野の大部分に運動物体が提示されるとき，動いているのは外界の物体であり自己の身体

ではないにもかかわらず，身体のほうが動いていると錯覚してしまうことである。列車の錯覚（train illusion）とも呼ばれる。

　また近年，模造品の手（ラバーハンド）が自分の手のように感じられるという，ラバーハンド錯覚が発見され，研究が盛んに行われている。これは，自分の手を見えないような位置に置き，見えている模造品の手と，見えていない自分の手に同時に触覚刺激が与えられるときに発生する。この性質を利用して，身体の一部を切断した患者の幻肢痛を軽減するという試みも行われている。

　手だけでなく，身体そのものが他の場所に移動したり，マネキンの身体が自分の身体であると感じられたりするという，幽体離脱現象（out-of-body experience）も近年盛んに研究されている。これはビデオカメラで本人の身体を撮影し，その画像をヘッドマウントディスプレイで観察し，触覚刺激を与えることにより発生する。身体性に関する現象は本人の主観にとどまることが多いので，実証的な研究の形にならないことが多いが，この幽体離脱現象については，皮膚電位反応による客観的な証拠が報告されることにより，一躍研究が進展し，身体性について新たな知見が多数得られている。

（3）表現媒体

　感性は芸術作品において，最も華やかに，また最も匂やかに表現される。それゆえ感性に関する実験的な実証研究においても，絵画や音楽のような実際の芸術作品が用いられることがある。しかしこの種の素材は統制が難しいので，印象評定のような実験手法がとられることが多いが，なかには，彫刻の写真画像に手を加え，黄金比が持つ効果を側頭部からの脳波で計測した研究もある。

　これに対しマンガやアニメは，図形的な要素が単純であり，実験に適

図11-3　スピード線を含むマンガ（藤田ゆり香）

した面を持つ。実験の素材としてマンガを用いた研究には，瞬間的に提示して処理時間を調べたもの，マンガによく用いられるスピード線（人物や物体の移動軌跡を示す仮想的な線分）の効果を調べたもの，マンガにおけるオノマトペ（擬音語・擬態語）を調べたものなどが挙げられる。日本のマンガやアニメは，クールジャパンと呼ばれる一連のポップカルチャーの代表格であり，政府も「クールジャパン戦略」を進めている。マンガやアニメを用いた実証研究は，これらクールジャパンの心身的起源を探るためにも有用であろう。

3．情報の提示方式

(1) アフォーダンス

　情報の提示効率を高めるためには，アフォーダンス（affordance）という概念が重要になる。この言葉は，「提供する・可能にする」という意味の"afford"に基づく造語であり，アメリカ心理学会（APA）の『心理学大辞典』では，「刺激もしくは対象物の質のことで，有機体にとっての利用可能性を規定する」と説明されている。この概念は，知覚心理学者であり，生態学的知覚（ecological perception）の提唱者であ

るジェームズ・ギブソンが初めて用いたものである。生態学的知覚の理論では，アフォーダンスという概念は，環境にある物体が利用可能であるかどうかということを意味し，利用可能性を高めるように設計されているということや，利用する有機体（利用者）が利用可能性を認識しているかどうかは無関係である。

　これに対し，認知科学者のドナルド・ノーマンは，アフォーダンスという概念を，デザインやインタフェースの領域に導入した。その際，アフォーダンスが備わっている場所が，自然環境ではなく，人工物に限定されたため，アフォーダンスを与えるような設計方式が重視されることとなった。例えば，装置を設計するにあたり，利用者にアナログ的な数値を入力させたいときには，回転するようなつまみを取りつけることが多いが，そのつまみを円形にしておけば，利用者はアフォーダンスを「感じ取り」，説明がなくてもそのつまみを回転させる。アフォーダンスという概念のこのような使用法は，ギブソンが用いた意味とは異なっており，誤用と見なす人もいる。しかしノーマンが提唱した概念は，人と機械の関係を考えるうえでは有用だったので，ヒューマン・インタフェースの設計者には，アフォーダンスを与えるようなデザインが，装置の操作性や利便性を高めると考える人が多い（ノーマンはカリフォルニア大学サンディエゴ校の認知科学の教授であるとともに，アップル社のフェローも務め，ヒューマン・インタフェース・ガイドラインの策定に参与した）。また，アフォーダンスを与えるという理念により産み出されたインタフェースには，ユーザビリティが高く，優れたものが多い。

（2）バーチャルリアリティ

　視覚・聴覚・触覚などの感覚系の機能を理解するにあたり，錯覚（illusion）という現象は有用である。錯視・錯聴・錯触はそれぞれ視覚・

聴覚・触覚の錯覚であり，明るさや長さが異なって見える錯視や，存在しない周波数の音が聞こえる錯聴や，触ると凹凸が逆転して感じられる錯触は，感覚・知覚研究の主要な現象として知られている。これは感覚系が，対象となる対象の物理的な性質を完全には反映せず，知覚内容が一定の方向に歪む「癖」を持っていることに由来する。

　バーチャルリアリティ（virtual reality）は，この「癖」を人工的に合成するような装置を設計し，現実とは異なる知覚内容を経験させることである。仮想現実と呼ばれることもある（ただし，訳語としては不適切であるという指摘もある）。バーチャルリアリティを実現するためには，計算機科学，ロボット工学，通信工学などの科学技術と，人間の知覚特性に関する科学的理解の両方が必要である。例えば，ヘッドマウントディスプレイ（頭部搭載型のディスプレイ）は，バーチャルリアリティ研究の初期から現在まで用いられている機器である。そしてこの機器の仕様は，画像の撮像や表示のような計算機科学や光学からなる科学技術とともに，それらの技術を用いて左右の眼に提示された画像による立体知覚機能や，視覚系が前庭系や身体制御系に及ぼす影響についての心理学・生理学的知見に基づいて作成されている。

　バーチャルリアリティによる情報の可視化は，科学技術全般で用いられている。また，人間の感覚・知覚の機能を調べるための実験に用いられ，さらに，危険な場所を想定した訓練や，遠隔手術のような医療，さらには芸術の創成のような多分野で広く用いられており，今後も適用範囲が広がると考えられる。

（3）バリアフリー

　情報通信技術による情報は，健常者だけではなく，障害者にも提示される。障害者には，身体障害者，知的障害者，精神障害者，発達障害

者，高次脳機能障害者などのカテゴリーがある。人数の推計値はまちまちであるが，2004 年の WHO の資料では，人類全体の約 6％を占めるとされている。障害者支援とは，これらの障害者が健常者と同等の生活を送ることを目的とした技術支援であり，感覚系や運動系の障害を持つ身体障害者を対象とした技術開発が特に盛んに行われている。なお，バリアフリーという言葉はもっぱら障害者を対象とした支援技術を意味するが，障害者だけでなく，文化・言語，年齢，性別の差異を克服する技術全般は，ユニバーサルデザインと呼ばれる。

　身体障害者に対する技術支援には，視覚障害者に対する人工網膜や人工内耳のような感覚補綴（sensory prosthesis）の技術開発が進んでおり，特に視覚については，VISION 2020 という事業が，2020 年までに盲（もう）という症状を根絶することを目標として世界的に進められている。また肢体不自由者に対しては，車いすや義手・義足の機能向上を目指す研究が行われてきており，保険制度の適用により使用者の範囲が広がることが期待される。

　情報通信に関する障害者支援技術は，補綴のような，身体に人工物を埋め込む技術開発も行われている。それと同時に，支援機器を開発したり，情報提示方式を改善したりする技術開発もやはり盛んに行われている。例えば視覚障害者に対しては，コミュニケーション支援技術には点字提示装置や電子文書の読み上げ装置があり，自律移動支援技術には触地図や音声ガイダンスがある。また聴覚障害者に対しては，手話画像の自動化やテレビの字幕表示がある。障害の種類や程度はさまざまなので，どのような技術開発も，単に装置を開発するだけでは障害者支援としては十分ではない。個々の障害者が学習し，訓練により技術を身に付ける必要がある。また障害者の研究から，脳機能には大きな可塑性があり，その結果，行動も学習により変化することがわかっている。それゆ

えリハビリテーションが重要になる。

　日本での障害者施策としては，障害者自立支援法が 2012 年に改正された障害者総合支援法となり，支援の範囲が広まった。また 2013 年には障害者差別解消法が国会で可決され，2016 年 4 月からの施行が予定されている。この法律は，アメリカの ADA 法（Americans with disabilities act）を参考としており，差別の禁止とともに，障害者に対する合理的配慮が盛り込まれている。このような国内法の整備を受けて，日本は，国連の人権条約である障害者権利条約の批准を 2013 年の末に決定し，2014 年に批准が国連に承認された。また，東京にオリンピック・パラリンピックが 2020 年に開催されることが決定しており，今後，障害者支援が，合理性を保った様式で社会に広がることが期待される。

参考文献

1. U. ナイサー，大羽蓁（訳），『認知心理学』（誠信書房，1981）.
2. 高野陽太郎，『認知心理学』（放送大学教育振興会，2013）.
3. 喜多伸一，特徴抽出の心理実験と並列処理の計算理論，心理学評論，Vol. 38, No. 4, Pp. 479-501 (1995).
4. 横澤一彦，『視覚科学』（勁草書房，2010）.
5. Treisman, A. M. & Gelade, G. A feature-integration theory of attention. *Cognitive Psychology*, Vol. 12, No. 1, Pp.97-136 (1980).
6. 亀田達也，『合議の知を求めて—グループの意思決定』（共立出版，1997）.
7. 繁枡算男，『ベイズ統計入門』（東京大学出版会，1985）.
8. Noguchi, Y. & Murota, M. Temporal dynamics of neural activity in an integration of visual and contextual information in an esthetic preference task. *Neuropsychologia*, Vol. 51, No. 6, Pp. 1077-84 (2013).
9. Yokoyama, T., Noguchi, Y., Koga, H., Tachibana, R., Saiki, J., Kakigi, R. & Kita, S. Multiple neural mechanisms for coloring words in synesthesia. *NeuroImage*,

2014. dx.doi.org/10.1016/j.neuroimage, 2014, 01.039

10. G. R. ファンデンボス（監修），繁桝算男・四本裕子（監訳），『APA 心理学大辞典』（培風館，2013）.

11. Motoyoshi, I., Nishida, S., Sharan, L. & Adelson, E. H. Image statistics and the perception of surface qualities. *Nature*, Vol. 447, Pp. 206-209 (2007).

12. Inui, T. & Miyamoto, K. The time needed to judge the order of a meaningful string of pictures. *Journal of Experimental Psychology*： *Human Learning and Memory*, Vol. 7, Pp. 393-396 (1981).

13. 夏目房之介，「マンガにおけるオノマトペ」（篠原和子・宇野良子（編），『オノマトペ研究の射程―近づく音と意味』（ひつじ書房，2013）.

14. J. J. ギブソン，古崎敬他（訳），『生態学的視覚論―ヒトの知覚世界を探る』（サイエンス社，1986）.

15. ドナルド・A・ノーマン，野島久雄（訳），『誰のためのデザイン？―認知科学者のデザイン原論』（新曜社，1990）.

16. 舘暲・佐藤誠・廣瀬通孝（監修），日本バーチャルリアリティ学会（編集），『バーチャルリアリティ学』（コロナ社，2010）.

学習のヒント

1. 集団意思決定が持つ長所と短所について説明しよう。
2. 身体性の錯覚について説明しよう。
3. 障害者支援技術について説明しよう。

12 | サンプリングと情報の可視化

川原靖弘

《**目標＆ポイント**》 環境情報や生体情報など，特に時間を伴う情報のデータ
化について，その原理と手法を解説し，データの基本的な可視化手法を紹介
する。また，具体的なデータとして音データを取り上げ，時系列データの扱
いに関する理解を深める。
《**キーワード**》 アナログ信号，デジタル信号，標本化，サンプリング，量子
化，雑音除去

1．サンプリング

（1）アナログ信号とデジタル信号

　連続する量や強度のことをアナログと呼び，それに対し，連続的な量
を段階的に区切って離散した値で示すことをデジタルと呼ぶ。実世界の
環境中に存在するさまざまな事象はアナログの状態で存在しており，こ

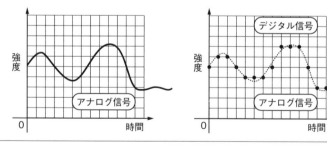

図 12-1　アナログ信号とデジタル信号

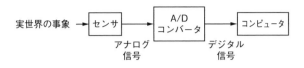

図 12-2　アナログ信号のデータ化

の事象を時間と強度（大きさ）で表したときに，双方ともに連続した値
の信号となる。この信号を，コンピュータなどのデジタルプロセッサで
扱うためには，デジタル信号に変換する必要がある。

　デジタル信号において，時間および強度は，連続した値ではなく，数
値（離散値）として表すことができる（図 12-1）。

（2）センサによる情報採取

　実世界の環境中にある事象をデジタル信号としてコンピュータに取り
込むためにセンサが用いられる。センサは，物理的事象や化学的特性な
どを電気信号に変換する装置であり，変換された電気信号（アナログ信
号）は，A/D コンバータ（アナログ-デジタル変換回路）によりデジタ
ル信号に変換される（図 12-2）。センサにより電気信号に変換すること
をセンシング，これらの装置を用いて信号をデータとして採取すること
をサンプリングという。

（3）アナログ信号とノイズ

　このようなシステムにおいて，センサで変換された電気信号（アナロ
グ信号）は，取得したい情報を含む信号を増幅させてから A/D コン
バータでデジタル信号に変換される。センサで変換したアナログ信号が
微弱である場合や，必要な情報以外のもの（ノイズ）が存在するためで
ある。生活空間で取得される主なノイズに，商用交流雑音（ハムノイ

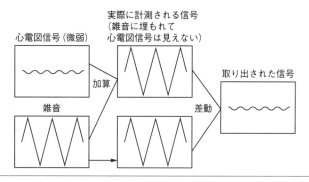

図 12-3　差動増幅器による同相信号（ノイズ）の除去

ズ）がある。50 Hz または 60 Hz の交流であるが，このノイズが採取し
たいアナログ信号より大きいと，採取したい信号が採取できない。この
ノイズを除去してセンサで変換された信号を増幅する電気的な手法とし
て差動増幅器が用いられる。

　差動増幅器において，センサで変換されたノイズも含む信号と，ノイ
ズのみの信号の両方が入力され，その差分が出力される。この方法によ
り，出力された信号からノイズが除去される（図 12-3）。

　心電図や脳波等の生体信号も，微弱な信号なので，アナログ信号は差
動増幅器で増幅される。さらに，取得したいアナログ信号の特性により
特定の周波数帯の信号を通過させるフィルタ（バンドパスフィルタ）に
信号を通し，必要のない周波数帯のノイズを除去することも行われる。
生体電気信号の大きさと必要な情報を得るのに必要な信号の周波数帯の
例を図 12-4 に示す。これらの信号を取得する際は，必要な周波数帯の
信号を通過させるバンドパスフィルタを通して取得する。現在は，アナ
ログ信号採取の際ではなくサンプリングの後のデジタル信号にバンドパ
スフィルタをかけて目的の情報を取り出すことが多い。

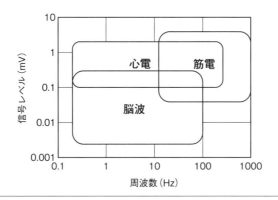

図 12-4　生体電気信号の大きさと周波数帯

（4）標本化（サンプリング）

　アナログ信号を一定時間間隔で採取することを標本化（Sampling）
という。より短い時間間隔で標本化を行うほど，時間の経過に伴うアナ
ログ信号の変動がより細かく取得できる。この標本化を行う時間間隔を
サンプリング間隔といい，サンプリング間隔の逆数は，サンプリング周
波数と呼ばれ，単位［Hz］で表される。例えば，1 Hz は 1 秒間に 1 回
のサンプリングが行われることを表し（サンプリング間隔は 1 秒），10
Hz は，1 秒間に 10 回のサンプリングが行われることを表す（サンプリ
ング間隔は 0.1 秒）。

　サンプリング周波数が高いほど細かい信号変化がサンプリングされる
が，データ量が多くなりコンピュータでの処理やデータ管理において支
障をきたすことがある。そこで，アナログ信号の特徴を再現できるよう
にサンプリング周波数を決める場合は，「サンプリング周波数 f_s は，ア
ナログ信号に含まれる最大周波数 f_{max} の 2 倍以上である必要がある」
という標本化定理を参考にする。サンプリング周波数 f_s の半分の周波
数（$f_s/2$）をナイキスト周波数と呼び，サンプリングされた信号から

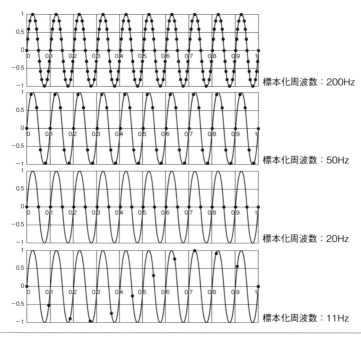

図 12-5　アナログ信号の標本化（サンプリング）

は，ナイキスト周波数までのアナログ信号の再現が可能である。

　図 12-5 に，10 Hz のアナログ信号の標本化の例を図示する。

　図中のアナログ波形の上に描かれた点が標本化後のデータである。上段の図より，それぞれ 200 Hz，50 Hz，20 Hz，11 Hz での標本化を行っている。このアナログ信号が含む周波数成分の倍の周波数 20 Hz に満たないサンプリング周波数で標本化されたデータからは，もとのアナログ波形の再現は不可能であることがわかる。

2. デジタルデータ

　アナログ信号は，標本化と量子化という処理を経てデジタル信号に変換される。さらにコンピュータで扱えるデータにするために，デジタル信号に対し符号化という処理を行う。

（1）量子化と符号化

　アナログ信号の強度を離散化（数値化）することを，量子化という。ある範囲（レンジ）内で変化する信号の強度の表現において，その範囲をより細かく区切って信号強度を表すほど，信号強度の細かい表現が可能になる。範囲をどれくらい細かく区切るかを表す値を量子化ビット数という。量子化ビット数は，信号強度の範囲を区切ったときの強度が取り得る値の数を 2 進数で表しており，量子化ビット数が 1 bit（ビット）の場合は，信号強度を表すことのできる値は 2 個（$2=2^1$）のみであり，2 bit の場合は 4 個（$4=2^2$），10 bit の場合は 1024 個（$1024=2^{10}$）の値で強度を表すことができる。例えば，白から黒までの色の濃度（グレー

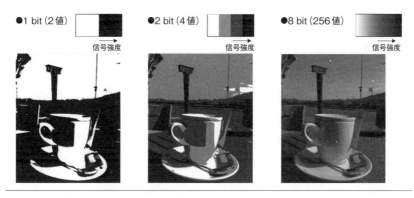

図 12-6　グレースケールによる濃度表現

スケール）を強度で表す信号を 1 bit で量子化した場合，色の濃さは白と黒の 2 値で表され，2 bit で量子化した場合，図 12-6 のように 4 通りの濃度の表現が可能になる。

　量子化された信号は，コンピュータなどのデジタルプロセッサで処理できる情報にするために符号化される。符号化において，多くの場合，デジタル信号の時系列値は，2 進数や 16 進数で表現され，コンピュータなどのデジタルプロセッサで処理される。

（2）音のデジタルデータ

　ここで，音のデジタルデータの例を紹介する。コンピュータで扱える音データのファイル形式に wav 形式というものがある。1 kHz の音の wav 形式のデータを見てみる。図 12-7 は，データファイルの内容を 1 byte（バイト）ずつ区切って 16 進数で表示したものである。1 byte とは，1 bit の信号を 8 個並べたデータの大きさを指し，8 bit の情報量を含む。

　図 12-7 に示したデータを，1 byte（2 文字）ずつ読んでいくと，データの意味を知ることができる。初めの 44 byte は，このデータのヘッダと呼ばれる部分であり，wav 形式のデータであること，サンプリング周波数，量子化ビット数，データ長などが記されている。45 byte 目からが，音そのもののデータで，2 byte ずつ音信号の強度が記されている。この音データは，サンプリング周波数 44.1 kHz，量子化ビット数 8 bit のデータであり，音データは，1/44,100 秒ごとに 2 byte ずつ強度が記されている。強度は，十進数で 0 から 255 までの 256 段階（8 bit）で表されており，図 12-7 の音データ開始後において，80 80 80……（十進数で 128 128 128……）がその強度を示している。この数値の 882 個分（20 ミリ秒間）の音データをグラフに描いてみると（図

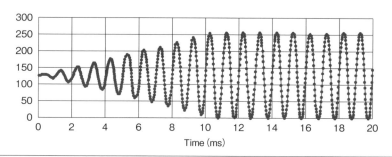

```
ヘッダ   52 49 46 46 64 0C 00 00 57 41 56 45 66 6D 74 20
        10 00 00 00 01 00 01 00 44 AC 00 00 44 AC 00 00
        01 00 08 00 64 61 74 61 40 0C 00 00 80 80 80 80
        80 81 81 81 82 82 82 82 83 83 83 83 82 82 82 81
        80 80 7F 7E 7D 7C 7B 7A 79 78 78 77 77 77 77 77
        77 78 79 7A 7B 7C 7E 7F 81 83 85 86 88 89 8B 8C
        8D 8E 8E 8E 8E 8E 8D 8C 8A 89 87 85 82 80 7D 7B
        78 76 73 71 6F 6E 6C 6B 6B 6B 6B 6C 6D 6F 70 73
        75 78 7C 7F 82 86 89 8C 8F 92 95 97 98 99 9A 9A
        9A 99 97 95 93 90 8C 89 85 81 7C 78 74 70 6C 69
        66 63 61 60 5E 5E 5E 61 63 65 68 6C 70 74 79 7E
```

図 12-7　wav 形式の音データ

図 12-8　音データの信号波形

12-8), 確かに 1 kHz（周期が 0.001 秒）の信号であることがわかる。

　スピーカから音を鳴らす際は, デジタル信号の強度は電圧の大きさに変換され, 電圧の強弱がスピーカに入力されることにより, スピーカの振動体が振動し, 音が生成される。

（3）デジタルデータの可視化

　信号の特性を直感的に把握するためには, データを可視化して確認する。図 12-8 も信号波形を可視化したものであるが, ここでデジタルデータの可視化手法について簡単にまとめる。

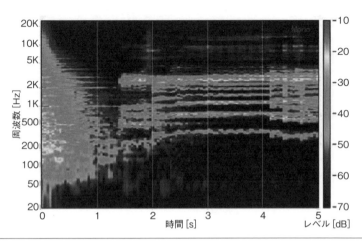

図 12-9　3 次元の音データの表現（スペクトログラム）

　デジタルデータの次元別に，いくつかの可視化手法を示す。次元とは，1 つのサンプルデータがいくつの要素を持っているかを表す。例えば図 12-7 のある時点のサンプルデータ x_t は，時間情報 t と信号強度の 2 つの要素を持つので $x_t\{t, y\}$ と表すことができ，2 次元のデータとして図 12-8 のように 2 つの軸のグラフで表現できる。1 次元，2 次元，3 次元のデータは軸の数や描画するポイントの色や大きさを変えることで平面上での表現が可能である。例えば，{時間，周波数，信号強度}を要素として持つ音の情報は，それぞれ要素を横軸，縦軸，色スケールに配置し図 12-9 のように描画が可能であり，この図はスペクトログラムとも呼ばれる。

　その他，解説は省略するが，多次元データやリンクとノードによるデータの可視化の例を図 12-10，12-11 に示す。

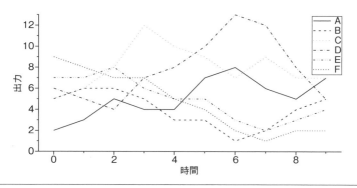

図 12-10　多変量時系列のデータの表現

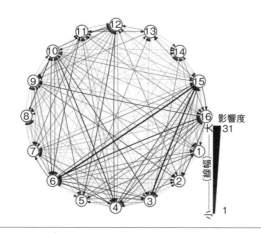

図 12-11　リンクとノードによるデータの可視化

3. デジタル信号処理（信号検出とノイズ除去）

　コンピュータに取り込まれたデジタル信号は，解析の目的に応じて処理が施される。この節では，時間と信号強度を要素に持つ時系列信号の，簡単なデジタル信号処理方法について，紹介する。

（1）加算平均

　サンプリングした信号において，ノイズ（雑音）の混入は避けられない場合が多くある。このノイズが混入した信号から目的の信号を検出する方法の一つに加算平均という信号処理方法がある。同様の信号が計測される一定時間の計測を何回も繰り返すことにより，ランダムに混入す

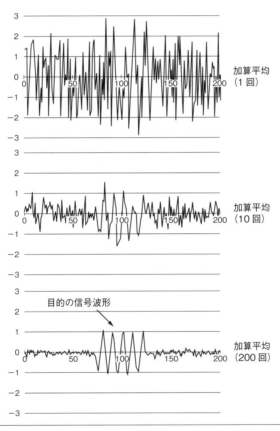

図 12-12　加算平均による信号検出

るノイズを平滑化し，目的の信号を強調させる方法である。ある時点の信号要素を x_i とし，k 回の加算平均処理を行ったとき，処理後の信号要素 m_i は，

$$m_i = \frac{1}{k} \sum_{i=1}^{k} x_i$$

で表される。目的の信号は，測定ごとに同じタイミングで出現している必要がある。

　測定目的の波形とノイズを含む信号を，加算平均したときの信号処理の結果を図 12-12 に示す。上段の図は，1 回測定したときの信号であり，複数回の測定を繰り返し，加算平均処理をそれぞれ 10 回，200 回行った後の信号が，中段，下段の図である。加算平均処理を重ねると，ノイズが小さくなり，目的の信号波形が検出されることが確認できる。

（2）移動平均

　同様の信号が同様のタイミングで何度も測定できないときは，加算平均によるノイズの除去ができない。このような場合に，ノイズ成分を除去するための簡単な方法として，移動平均という手法がある。移動平均は，ある時点の信号要素と隣り合う複数の信号要素との平均を，その時点の信号要素とし，ノイズ（高周波成分）を除去する手法である。図 12-13 に連続する 10 個の要素を平均することで移動平均処理をする場合の，処理方法の原理を示す。

　k 個の要素を平均する移動平均処理において，ある時点 (t) の値 x_i の移動平均後の値 a_t は，

$$a_t = \frac{1}{k} \sum_{i=t}^{t+k-1} x_i$$

で表すことができる。

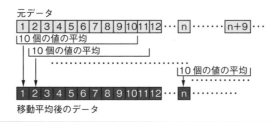

図 12-13　移動平均の原理

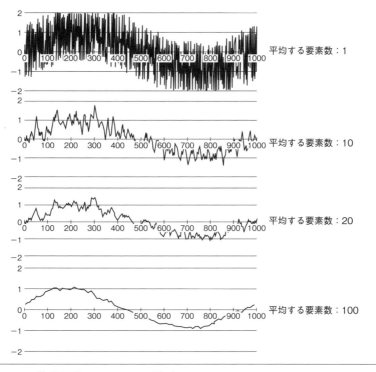

図 12-14　移動平均によるノイズ除去

　測定目的の波形とノイズを含む信号を，移動平均したときの信号処理
の結果を図 12-14 に示す。図 12-14 のそれぞれの図は，上段から，平均
する要素の個数をそれぞれ 1，10，20，100 と設定したときの，移動平
均後の信号を描いている。平均する要素の個数が増すと，細かいノイズ
が除去されていくのがわかる。このように，移動平均は，高周波を除去
する信号処理方法であるので，測定する信号が除去したいノイズより高
周波の場合は，ノイズ除去を目的とした適用はできない。

（3）メディアンフィルタ

　メディアンフィルタは，突発的なノイズを除去するための信号処理方
法である。この信号処理において，ある時点の信号要素と隣り合う複数
の信号要素とを含めた要素の中央値（要素を小さい順に並べたときに真
ん中にくる要素の値）が算出される。ある時点の値とその前後それぞれ
k 個分の要素との中央値を使用するメディアンフィルタにおいて，ある
時点の値のメディアンフィルタ処理後の値 d_i は，

$$d_i = \frac{\mathrm{Med}\{x_{i-k}, x_{i-k+1}, \cdots, x_{i-1}, x_i, x_{i+1}, \cdots, x_{i+k-1}, x_{i+k}\}}{2k+1}$$

で表される（式中の "Med{要素群}" は，要素群の中央値を表す）。図
12-15 は，突発的なノイズの含まれる信号（上段の図）を，メディアン
フィルタで信号処理を行うことにより，ノイズを除去している例であ
る。

　このほかにも，信号の特定の周波数帯域のみを抽出する（Low Pass
Filter, High Pass Filter, Band Pass Filter）信号処理手法の FIR フィル
タ（Finite Impulse Response Filter）や，特定の周波数帯の信号成分の
大きさを求めるための信号処理手法の高速フーリエ変換（Fast Fourier
Transform：FFT）などが有名である。

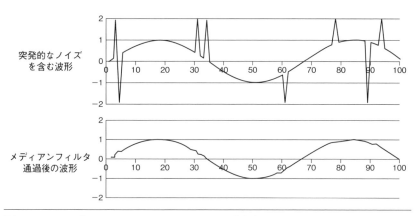

図 12-15　メディアンフィルタによるノイズ除去

まとめ

アナログ情報のデジタルデータ化の手法について，例を交えて解説し，簡単なデジタルデータの信号処理手法について，代表的なものを紹介した。

参考文献

1. 岩田彰，新インターユニバーシティ『ディジタル信号処理』（オーム社，2013）.
2. C. Shannon, Communications in the presence of noise, *Proc. IRE*, vol. 37, pp. 10-21 (1949).

13 | 機械学習と情報認知

河口信夫

《**目標＆ポイント**》 本章では，人が行う情報処理を計算機が行う「人間情報処理」について概観する。また，その中で重要な役割を果たす機械学習について解説する。さらに，近年，大規模データの収集が容易になりつつあり，いわゆるビッグデータ処理といわれる計算機による情報処理が注目されている。ここでは，ビッグデータの可視化や分析について述べる。
《**キーワード**》 画像処理，音声認識，自然言語処理，機械学習，ビッグデータ

1. 人の認識能力の自動化

人の認識能力を計算機で実現する技術が開発され，実用化が進みつつある。特に，画像処理，音声処理，言語処理の分野で実用化が進んでいる。また，行動情報処理は，近年，注目されつつある分野である。ここでは，これらの人が行う情報処理をどのように自動化しているかについて概観する。

（1）画像処理

計算機の能力向上と処理アルゴリズムの高度化により，さまざまな処理が，手軽に可能になりつつある。身近なところでは，デジタルカメラに搭載されている顔認識や，スマイル認識機能が挙げられる。顔認識やスマイル認識では，人の顔の画像から，個人を特定したり，笑顔を認識したりすることができる。このような処理はどのように行われているのであろうか。

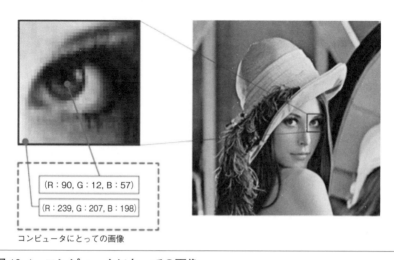

(R：90, G：12, B：57)

(R：239, G：207, B：198)

コンピュータにとっての画像

図 13-1　コンピュータにとっての画像
(http://gihyo.jp/dev/feature/01/opencv/0001)

　まず，画像は，通常，CCD や CMOS などで作られた撮像素子によっ
てデジタイズされる。デジタイズとは，12 章で述べているように，標
本化（サンプリング周波数）と，量子化（ビット数や解像度）によって
実現される。静止画を対象とした画像処理の場合は，標本化は考える必
要はなく，解像度と撮像素子によって決まる（図 13-1）。1 つの撮像素
子を 1 ピクセルと呼び，ハイビジョンカメラでは，1920×1080 ピクセ
ルの画像が取得できる（207 万ピクセル）。最近のスマートフォンでは，
4K 画像（3840×2160 ピクセル）が撮影できるものも増えており，高機
能なデジタルカメラでは，2000 万ピクセルを超える素子数を有してい
るものもある。
　デジタイズされた画像からは，輝度差や勾配などを用いて特徴量と呼
ばれるベクトル値（数値列）が取得される。この特徴量と，次節で解説
する「機械学習」という技術を用いることにより，さまざまな画像の認

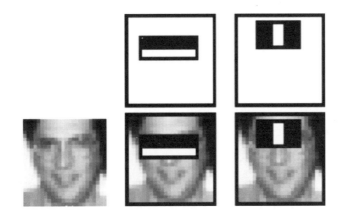

図 13-2　顔認識で用いる特徴量の例
（http://iwillgetthatjobatgoogle.tumblr.com/post/19358751300/viola
-jones-algorithm-for-face-recognition）

図 13-3　顔認識の例
（http://gihyo.jp/dev/feature/01/opencv/0001）

識処理が行われる。例えば，人の顔は，目と口の位置に特徴がある。そこで，大量の画像を使って，さまざまな人の眼と口の位置や大きさを，特徴量として取り出し，機械学習によって，人の顔を判定する技術が開

発されている（図13-2）。当初は，認識するための処理が膨大で時間がかかったが，特徴量（人の顔の場合は，Haar-Like特徴量がよく利用されている）や，計算方式の工夫と，ハードウェア化により，低消費電力での高速処理が可能となり，デジタルカメラなどへの搭載が進んでいる（図13-3）。

【画像処理のアルゴリズムとツールキット】

　文字認識などでは，大量の学習画像を用いた処理が利用されている。インターネットなどを通じて大量の画像が入手できるようになったことが，大規模データに基づく学習技術の進展を支えている。特に大量のデータが必要な深層学習（Deep Learning）の活用が急速に発展しており，顔認識だけでなく，人の姿勢や骨格の推定や，画像に含まれているモノの推定技術（Object Detection）が急速に進展している。

　画像処理のツールとしては，OpenCVというライブラリがよく利用されている。OpenCVは，画像処理でよく用いられる基本的なアルゴリズムをほとんど実装しており，簡単な画像処理なら，ほとんどプログラムを組むことなく利用できる。顔認識や，オプティカルフロー認識などの高度なアルゴリズムも実装されている。

（2）音声認識処理

　音声認識技術も急速に進化しており，スマートフォンやスマートスピーカーを通じて，音声を用いたさまざまな問い合わせが可能になりつつある。これは，デジタイズされた音声やその特徴量をクラウドサーバに送付し，サーバ側で，認識処理を行う分散音声認識と呼ばれる手法によって実現されている場合が多い。この手法では，認識に誤りがあった場合でも，大量の音声データがサーバ側に存在するため，継続的に学習を行うことにより，認識率の向上が行える。

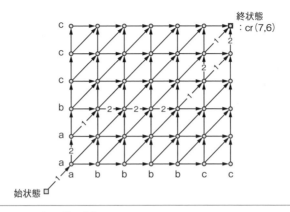

図 13-4　DP マッチングの例
（http://www.tuat.ac.jp/~tuatmcc/contents/monthly/200207/
DP.xml）

　音声認識では，まず，マイクを通じて得られた音声信号を A/D 変換
（アナログ・デジタル変換）してデジタイズが行われる。次に，得られ
た音声信号の系列から，単位時間（例えば 100 msec）ごとの処理を行
う。これをフレームと呼び，フレームは 20 msec 程度でシフトさせて
いく。フレームごとに，周波数領域などからの特徴量を求め，ベクトル
化を行う。特徴量には，人間の聴覚特性を用いたメル周波数ケプストラ
ムがよく利用されている。シンプルな音声認識では，DP（Dynamic
Programming）マッチングと呼ばれる手法を用い，事前に収集して
あったベクトル系列と，得られた音声との間でのマッチングを行い，音
声認識を行う（図 13-4）。DP マッチングは，限られた語数での離散単
語音声認識でよく利用される。
　一方，大規模語彙連続音声認識には HMM（Hidden Markov Model）
が用いられることが多い。HMM を用いた音声認識では，音響モデルと
言語モデルという 2 つの確率的モデルが用いられる（図 13-5）。これら

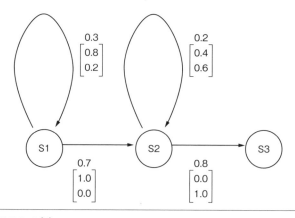

図 13-5　HMM の例
（http://unicorn.ike.tottori-u.ac.jp/2005/s022048/paper/graduation-thesis/soturon/img14.png）

の学習にも，次節で使われる機械学習が用いられる場合がある。HMM
の利用には，HTK（HMM Tool Kit）と呼ばれるツールがよく利用され
ている。

　最近では大量のデータを用いた深層学習も広く活用されており，高精
度の音声認識が実現されている。

（3）自然言語処理

　インターネットを通じて大量のテキスト情報が入手できるようになっ
た現在，自然言語処理も急速に高度化が進んでいる。自然言語といって
も，言語によってその処理手法には大きく違いがある。

【形態素解析】

　日本語のように，分かち書きがされていない言語では，そもそもどの
ように分かち書きすべきか，を処理する「形態素解析」と呼ばれる処理
が必要となる（図 13-6）。「形態素」とは，言語学の用語であり，意味

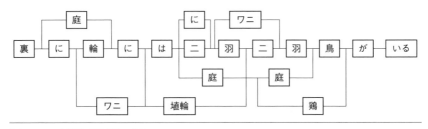

図 13-6　形態素解析の例
（http://blog.livedoor.jp/tak_tak0/archives/51313687.html）

を持つ最も小さな単位である。形態素解析は，文法からある程度は導く
ことができるが，擬音語や外来語のような，事前に辞書に登録できない
未知語については，処理が困難であり，さまざまな方法論が検討されて
いる。形態素解析のツールとしては，MeCab, KyTea, JUMAN++など
が無償で提供され広く利用されている。全文検索などを行う場合には，
形態素解析が重要な役割を果たす。一方，意味的な解釈は行わないた
め，高度な処理を行うためには，その先の処理が必要となる。また，英
語のようにすでに分かち書きされている言語では，このような処理は不
要である。

【統計的分析】

　自然言語処理を行う場合，最も単純な手法として，統計的な手法が存
在する。具体的には N-gram と呼ばれる確率（共起頻度）を計算して
行われる。1-gram は，uni-gram とも呼ばれ，個々の単語の出現確率
を表す。2-gram は，2つの単語（形態素）が連続して現れる確率を示
す。N が大きくなるに従い，確率は小さくなり，かつ，現れない場合
も存在しうるが，より高度な情報処理が可能になる。古典的な暗号の解
読などにも用いられていた。N-gram は，文書の類似性判定や，著者推
定などの応用可能性がある。

図 13-7　構文木（係り受け木の例）
(http://tetsuok.hatenablog.com/entry/2012/06/30/040852)

【意味解析】

　自然言語文から，その意味を計算機に理解させるためには，意味をどのように表現するか，といった問題に行き着く。残念ながら任意の文の意味を表現する表現は，まだ存在していないが，文の意味の構造を表現する手法は存在する。これは「構文解析」や「係り受け関係」と呼ばれる手法で，文を構文木と呼ばれる構造に変換することが可能である（図13-7）。日本語向けの構文解析ツールとしては，KNP や Cabocha などが存在する。また，汎用の言語表現モデルとして BERT が注目されている。

【機械翻訳】

　自然言語の現実的な応用の1つに機械翻訳がある。単語の翻訳は簡単に行えるが，意味の翻訳は困難である。機械翻訳のために，さまざまな手法が考案されており，中間言語方式や，トランスファ方式，用例に基づく方式，統計的方式などが提案されている。それぞれ一長一短はあるが，大規模データが利用できる近年では，RNN (Recurrent Neural Network) による深層学習を用いた手法が高性能を実現している。

【クエリ解釈】

　自然言語処理の現時点での1つの究極の姿が，クイズ番組への挑戦である。2011 年に IBM の WATSON は，米国のクイズ番組「Jeopardy!」に出場し，人間のクイズチャンピオンと対戦し，勝利を収めている（図

図 13-8　IBM WATSON が「Jeopardy!」に出場している様子
（gettyimages 提供）

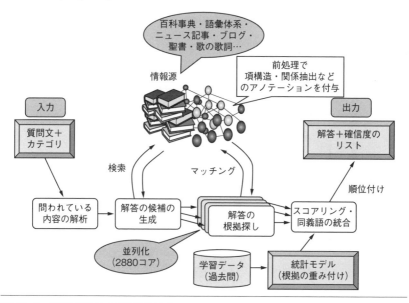

図 13-9　WATSON の処理の流れ

13-8）。Jeopardy! は 1984 年から 9,000 回以上続いているクイズ番組で，歴史・科学・スポーツなど，幅広い知識が必要な問題が出題される。例えば「米国が外交関係を持たない 4 か国のうち，最も北にある国は？」といった問題が出される（問題文は，実際には英語で，正解は北朝鮮）。WATSON は問題を人と同時に受け取り，膨大なデータベースの中から正解を導くことができる（図 13-9）。

（4）行動情報処理

画像，音声，自然言語は，これまでに十分な技術発展がなされてきた分野である。一方，行動情報処理は，人間として明示的に行っている処理ではなく，これまで十分に研究がなされていなかった。古くは，ばねとおもりが入ったスイッチによる万歩計などを用いて歩数のカウントなどが行われてきた。最近では，スイッチが加速度センサに置き換わり，活動量計としての活用などが進んでいる。また，信号処理を用いて，歩いているのか，走っているのか，といった行動認識を行う技術も開発されつつある。さらに PDR（Pedestrian Dead Reckoning）と呼ばれる自律航法を行う技術も，スマートフォンなどで利用され始めている。

行動認識の世界では，HASC Tool などが代表的なツールである。

2．機械学習

（1）さまざまな応用可能性

前節では，人が行う画像，音声，言語，行動などに対する情報処理の事例を紹介した。これらの技術には，すべて，パターン認識（Pattern Recognition）や機械学習（Machine Learning）と呼ばれる技術が用いられている。機械学習とは，大きく教師あり学習と教師なし学習に分けられる。教師あり学習では，まず，事前に用意された正解・不正解デー

タを用い，モデルを学習する。正解データには，事前に適切な正解ラベルが与えられている。その後，対象となるデータの識別を行い，与えられたデータがどのラベルであるかの推定を行う。一方，教師なし学習では，クラスタリングなどを行い，データの分類を行う。教師なし学習では事前にラベル付けなどを行わないため，データの意味を解釈することは困難である。

　画像，音声，言語，行動とモダリティは違うが，それぞれを特徴量としてベクトル化してしまえば，情報処理としては同じように扱うことが可能であり，機械学習が，幅広い応用ができる技術であることがわかる。

　機械学習のためのツールとしては，scikit-learn, MLlib などが広く使われており，以下で紹介する各アルゴリズムの実装が提供されている。

（2）教師あり学習

　ここでは，教師あり学習でよく利用されるアルゴリズムについて解説する。

【決定木】

　ID3 や C4.5 などと呼ばれるアルゴリズムが有名であるが，与えられた学習データの特徴量から，情報量をベースに適切にクラス分けを行うための方法を抽出することができる（図 13-10)。

【SVM】

　Support Vector Machine（SVM）は，単純にいえば，2 次元空間で 2 つのクラスを最も上手に分離可能な直線を求める手法である（図 13-11)。これを多次元に拡張することも可能であるし，さらに，線形分離だけでなく，カーネル関数を用いて非線形空間にも適用が可能である。

【ブースティング】

　弱い識別器を複数組み合わせることにより，より強力な識別器を構築

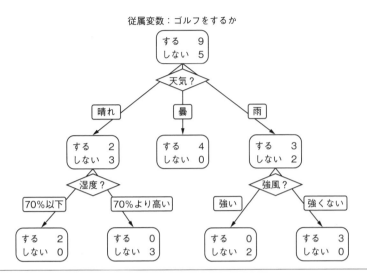

図 13-10　決定木の例
（https://ja.wikipedia.org/wiki/%E6%B1%BA%E5%AE%9A%E6%9C%A8）

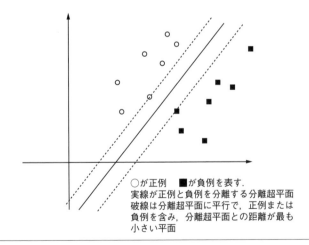

○が正例　　■が負例を表す．
実線が正例と負例を分離する分離超平面
破線は分離超平面に平行で，正例または
負例を含み，分離超平面との距離が最も
小さい平面

図 13-11　SVM の例
（http://www.medinfo.hyo-med.ac.jp/web-ont/paper14/paper14.
html）

するアンサンブル学習の一手法である。AdaBoost アルゴリズムなどが用いられる。簡単に説明すると，各識別器の識別性能を教師データへの逆の重みとして反映させ，その繰り返しにより，識別が難しいサンプルを識別可能な強い識別器を作る，という手法である。

【ランダムフォレスト】

決定木を弱識別器とするアンサンブル学習手法であり，学習データと特徴量をランダムに選び，個別の決定木を作成し，その多数決によって結果を得る手法である。個々の決定木を独立して学習できるため，並列化が容易であり，高速化や大規模化が実現できる。

【深層学習（Deep Learning）】

ニューラルネットワークは，脳における神経細胞ネットワークを模した構造を有し，1980 年代にはさまざまな試みが行われたが，計算能力の不足やデータ不足から本格的な利用には至らなかった。2010 年代に画像認識でその有用性が認められて以降，音声認識や翻訳などで高い有用性が認められている。深層学習の開発環境として Chainer, Tensor-Flow, PyTorch, MXNet などが無償で公開されている。

（3）教師なし学習

教師なし学習では，事前にサンプル（教師データ）が存在しない状況で，データの構造を抽出することを目的に行われる手法である。代表的な手法をここでは説明する。

【クラスタリング】

データを複数のクラスに自動的に分割する手法をクラスタリングと呼ぶ。クラスタリングは多数の手法が提案されており，k-means 法などがよく利用される（図 13-12）。

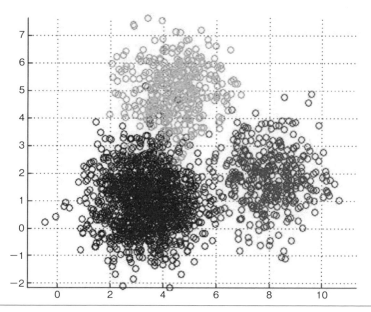

図 13-12　k-means 法の例
（http://www.mathworks.com/matlabcentral/fileexchange/
screenshots/6432/original.jpg）

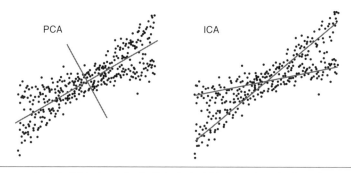

図 13-13　主成分分析（PCA）と独立成分分析（ICA）の概念的違い
（http://meg.aalip.jp/ICA/）

【主成分分析（PCA），独立成分分析（ICA）】

　主成分分析とは，サンプルデータの主成分を見つけることにより，データの次元を減らし，データの特性を見出すことが可能な手法である。基本的にデータの最も広がる方向を第1主成分とみなし，第1主成分に直交する方向を第2主成分とみなす（図13-13）。

　一方，独立成分分析は，複数の信号が加算されたデータを，独立した成分に分離する手法であり，ブラインド音源分離などに用いられる。

3. ビッグデータ処理

　従来は，簡単に集めることができなかった規模のデータを利用して，データ処理を行うことをビッグデータ処理と呼ぶ。最近では，インターネット上のクラウドソーシングを通じて大量のデータを低コストで集めることが可能になった。今後もデータの大規模収集や集約が進むことは間違いないため，ビッグデータ処理について学ぶことは大きな意義がある。

（1）ビッグデータのさまざまな利用

　クラウドソーシングだけでなく，POSレジや，Webアクセスログ，Twitterデータ，さまざまなセンサデータなどにより，大量のデータが簡単に集まる状況が生まれつつある。このようなデータを「ビッグデータ」と呼び，近年，その利用が注目されている。例えば，販売データとして，顧客の性別や年齢と一緒に購入物品が記録されたPOS（Point of Sales）データは，コンビニでの支払いのたびに収集されている。このデータを前節で挙げた教師なし機械学習でクラスタリングすると，例えば，深夜にカップラーメンを買う層は，30代男性に多い，といったようなデータを得られる可能性がある。また，ポイントカードなどと連携

させれば，住所情報も得ることができるため，コンビニを継続的に利用
しているユーザーが，コンビニからどの程度の距離に住んでいるのか，
といった情報も統計的に解析できるようになりつつある。すると，コン
ビニがカバーしておらず，人がたくさん居住するような場所には，コン
ビニの出店が望ましい，といったマーケティングデータとして利用でき
る。

（2）交通ビッグデータ

　鉄道の乗降データや，バスのロケーションデータ，タクシーの移動
データなど，交通機関においても，大量のビッグデータが活用できる時
代が始まりつつある。改札でのICカードの利用は，すべて記録されて
いるため，実は，どの駅からどの駅への移動が多いか，といった情報

図 13-14　バスロケーションデータと乗者数の可視化（岡崎市）

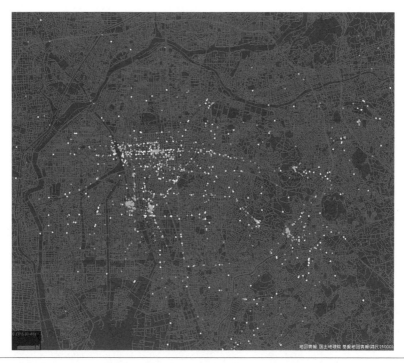

図13-15　タクシー位置・乗降データの可視化（名古屋市）

や，何時に何人の人がどこへ向かったか，といった分析が可能になって
いる。また，大量に走行するバスのロケーションデータを用いれば，道
路の渋滞情報を調べることも可能になる。タクシーのデータを分析すれ
ば，どのエリアや時間で乗客が多いか，といった情報を入手できるし，
平日や週末でのタクシー乗降のトレンドを確認することができる。

（3）ビッグデータの可視化
　交通ビッグデータのようなデータには，位置情報が付与されているた

図 13-16　CAN 情報の可視化（豊田市）

め，地図上で可視化すると，よりわかりやすい。また，実時間での情報
を直接見ると非常に時間がかかるため，実時間より早い時間で，交通の
変化を見ることにより，どのような運行がなされているかを，直感的に
理解することが可能になる。

　バスデータ，タクシーデータ，および車の走行情報である CAN データ
タから燃料消費状況を可視化した図を 13-14〜16 に示す。

まとめ

　本章では，人が行う情報処理を，画像・音声・言語・行動から概観
し，それらに共通する技術として，機械学習についても述べた。また，
大量にデータが集まった場合の情報処理について，ビッグデータの可視

化の観点から解説した。

参考文献

1. 『ディジタル画像処理』（CG-ARTS 協会，2006）.
2. 鹿野清宏・河原達也・山本幹雄・伊藤克亘・武田一哉著，情報処理学会編，『IT Text 音声認識システム』（オーム社，2001）.
3. 石井健一郎・前田英作・上田修功・村瀬洋共著，『わかりやすいパターン認識』（オーム社，1998）.
4. C.M. ビショップ著，元田浩/栗田多喜夫/樋口知之/松本裕治/村田昇監訳，『パターン認識と機械学習』（丸善出版，2012）.

1. 認識処理の際には，どのような値が用いられているか，例を挙げよ。
2. 形態素解析の必要性について述べよ。
3. 身近なビッグデータ処理について述べよ。

14 | 情報ネットワークと社会応用

河口信夫

《目標＆ポイント》 社会でさまざまな情報処理が行われるためには，ネットワークの存在が必須である。この章では，ネットワークの基礎と応用について解説した後，オープンデータとシビックテック，および社会に広がる情報処理について解説する。

《キーワード》 インターネット，オープンデータ，シビックテック，自動運転

1. ネットワークの基礎と応用

（1）インターネット・プロトコル

インターネットにつながるさまざまな機器が相互に通信するためには，機器間が何らかの形で接続されている必要がある。これを，コンピュータ・ネットワークと呼ぶ。ネットワークの中で端末を区別するために，各端末には，固有の ID（識別子）が割り振られている。この ID の決め方や，通信のやりとりの約束事をネットワーク・プロトコルと呼ぶ。インターネットで広く利用されているネットワーク・プロトコルに，インターネット・プロトコル（Internet Protocol）がある。インターネット・プロトコルの上で用いられるアドレスは IP アドレスと呼ばれ，これまで広く使われてきた IPv4（IP version 4）アドレスと，近年普及が進みつつある IPv6（IP version 6）アドレスが存在する。IPv4 アドレスは，32 bit であり，42 億通りの識別子しか区別できない。これ

に対し，IPv6 アドレスは，128 bit からなり，大量のアドレス空間が定義されている。これにより，あらゆるモノにインターネット上のアドレスを割り振ることが可能になり，モノのインターネット（Internet of Things：IoT）といったコンセプトが広がりつつある。

（2）無線ネットワークと有線ネットワーク

　スマートフォンなどの端末は，WiFi や LTE といった無線ネットワークでインターネットに接続されている。一方，インターネット上でサービスを行うコンピュータ（サーバ）は，有線ネットワークで接続されることが多い。これは，有線ネットワークのほうが無線ネットワークよりも大容量で信頼性が高い場合が多いからである。WiFi は IEEE802.11ac という最新の規格で数 Gbps が精いっぱいであるが，有線ネットワークでは，光ファイバを用いて 400 Gbps の通信が可能である。また，10 Gbps であれば，金属製の有線ケーブルで利用可能である。なお，有線であっても無線であっても，同じインターネット・プロトコルで通信が可能であるため，利用者としては意識する必要がない場合が多い。

（3）パケット交換

　インターネットでの通信の特徴の１つに，パケット交換が挙げられる。従来の電話回線では，回線交換型の通信が行われていた。これだと，特定の通信により回線が占有されてしまい，回線の有効利用ができない。そこで，データをパケットに分割して送る手法が考えられた。これにより，回線の利用効率が高くなった。一方，特定の区間では，パケットが集中し，配送ができなくなる現象が起こる。これを輻輳と呼び，パケットロスや遅延が発生する。

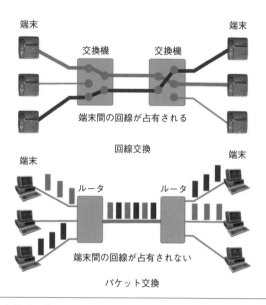

図 14-1　回線交換とパケット交換
（https://webcil.jp/archives/183）

（4）ドメイン名と URL

　IPv4 や IPv6 では，インターネット上のコンピュータを 32 bit や 128 bit の IP アドレスで識別しているが，人にとって覚えることは困難である。そこで，より簡単に識別するために，意味のある文字列から，IP アドレスに変換できる枠組みが考案された。これは DNS（ドメインネームシステム）と呼ばれており，ドメインという文字列から IP アドレスに変換する枠組みが提供されている。ドメイン名は階層構造になっており，後ろ側が上位のドメインを指す。例えば，mext.go.jp は，日本政府（go.jp）の文部科学省のドメインを示す。ここにホスト名と，プロトコル名をつけた形で http://www.mext.go.jp とすると URL（Uniform Resource Locator）となり，文部科学省の Web ページを指すことになる。

（5）P2P ネットワーク

　P2P とは，Peer to Peer の省略形である。Peer（ピア）とは，同等の人や同僚を意味しており，P2P ネットワークとは，互いに上下関係のないノード間でネットワークが構築されることを指す。これに対し，サーバ・クライアントネットワークでは，主にデータ処理を行うサーバと，サーバにデータの要求を行うクライアントから構成される。P2Pには，完全にフラットな形で構成されるピュア P2P 方式と，ピアのカタログ情報を有するサーバが存在するハイブリッド P2P 方式が存在する。高速のファイル転送を実現する BitTorrent や，インターネット上での音声・映像通話を可能にする Skype なども，ハイブリッド P2P で実現されている。一方，WinMX や Winny, Share と呼ばれる P2P ファイル共有ソフトウェアでは，違法に動画ファイルや音声ファイルがやりとりされたため，P2P といえば，違法行為を意味する印象があるが，それは誤りである。どのような道具も使い方次第で悪用できる可能性がある。

（6）コンテンツ・デリバリー・ネットワーク（CDN）

　インターネットを使えば，世界中のサーバから自由に情報を引き出すことが可能である。しかしながら，著名な会社などのデータが集中するようなサーバでは，大量のアクセスが集中する場合がある。大量アクセスに対する用意をしていないサーバは，アクセス集中に耐えられず，障害を起こしてしまう場合がある。また，ネットワーク上のパケットは，高速に転送されるが，国をまたいだ場合は，どうしても遅延が生じる。

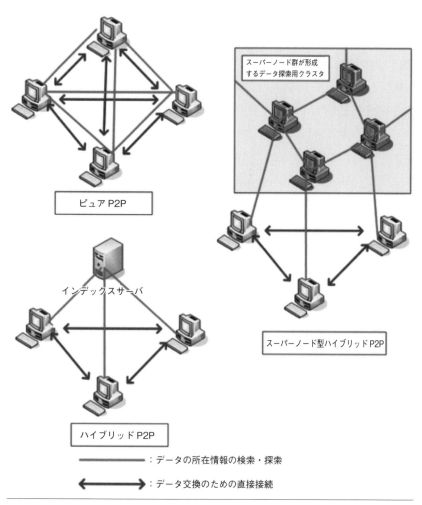

スーパーノード群が形成
するデータ探索用クラスタ

ピュア P2P

インデックスサーバ

ハイブリッド P2P

スーパーノード型ハイブリッド P2P

———————：データの所在情報の検索・探索

◄——————►：データ交換のための直接接続

図 14-2　ピュア P2P，ハイブリッド P2P，スーパーノード型の違い
（http://internetcom.jp/img2/P2P_Category1.gif）

遅延が生じると，結果的にスループットが落ちるため，利用者は快適に
情報を閲覧することができない。

　これらの問題を解決するために，コンテンツ・デリバリー・ネット
ワーク（CDN）が考案された。CDN では，利用者の可能な限り近くで
情報を提供し，遅延が少なく，インターネットに対するインパクトを最
小化する努力を行っている。具体的には，CDN 事業者では，世界中の
ネットワークサービスプロバイダの近くに，自分のコンテンツ用サーバ
を置き，利用者からのアクセスを可能な限り近くのサーバで提供する仕
組みを実現している。コンテンツ用サーバ間では，情報を最新に同期し
ておくことによって，遠距離遅延などをさけることが可能になる。

（7）クラウド・コンピューティング

　従来は，コンピュータは手元にあり，そこで計算や情報処理が行われ
ていた。しかし，インターネットの発達により，どこでもネットワーク
上のサーバにアクセスできるようになりつつある。すると，サーバがど
こにあっても関係がなく，あたかも雲の中のコンピュータで計算を行っ
てもらっているような状況を「クラウド・コンピューティング」と呼
ぶ。クラウドコンピューティングには，検索エンジンやファイル共有，
メールなどのサービスだけでなく，計算機そのものを貸し出す IaaS
（Infrastrcuture as a Service），計算プラットフォームを貸し出す PaaS
（Platform as a Service），特定のソフトウェアサービスとして貸し出す
SaaS（Software as a Service）などの階層がある。

　IaaS などのサービスでは，サーバのパフォーマンスが足りなくなっ
た場合，自動的にサーバの数を増やす「オートスケーリング」と呼ばれ
るサービスを付与できるものもある。

　クラウド・コンピューティングでは，通常，利用しただけしか対価を

支払う必要がないため，例えば，100 台の計算機を 10 時間だけ借りる，といった利用方法が可能になり，大規模計算などにも利用できる。従来であれば，1 台の計算機で，1000 時間かかるような計算が 10 時間で実行できるようになる。

2．オープンデータとシビックテック

オープンデータとは，オープンソースと同じような考え方で，データをとらえるものであり，2 次利用が無料で可能なデータを指す（数値として参照する，などの直接利用を 1 次利用と呼び，利用した結果を他のサービスで利用することなどを 2 次利用という）。

（1）オープンデータ活動

ソフトウェアの設計図ともいえるソースコードを無償で公開し，他の人が自由に利用できるようにしたソフトウェアを「オープンソース・ソフトウェア」と呼ぶ。ソフトウェアを無償でオープンにすることによって，より多くの利用者を獲得でき，結果としてソフトウェアの品質が向上する。成功例としては，オペレーティングシステムの Linux や，オフィススイートの LibraOffice がある。

オープンデータとは，オープンソースと同じように，データを公開することによって，より多くの人に利用してもらうことを目的にしている。特に政府や自治体などの公共団体は，税金を使ってさまざまな統計情報を保有しており，オープンデータ化の恩恵を多く受ける。

オープンデータによって，社会活動が活発化し，よりさまざまな活動が広く行われることが期待できる。欧州では，EU として公共部門情報の公開令として 2003 年に公共データの再利用を推進している（図 14-4）。米国も，オバマ大統領の就任の際に，政府のデータを公開する

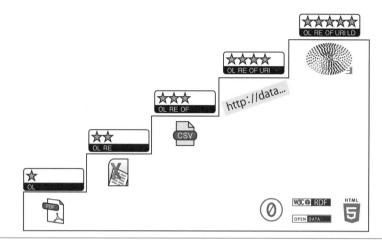

図 14-3　オープンデータの 5 段階

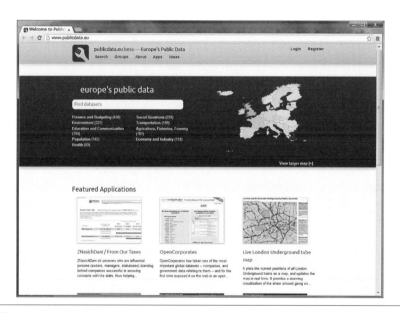

図 14-4　Publicdata. eu

図 14-5　Data. gov

オープンガバメントの方針を定め，データの公開も積極的に推進してい
る（図 14-5）。日本政府も，2012 年に，IT 戦略本部にて「電子行政
オープンデータ戦略」を策定，総務省も「オープンデータ流通推進コン
ソーシアム」を設立している。また，2013 年 6 月に開催された，G8
ロックアーンでは，オープンデータ憲章が策定されており，オープン
データ化の工程表が提案されている。

（2）オープンデータの重要性

　情報技術の進展で，多様な処理がソフトウェアの力によって，自動化が可能になりつつある。しかし，情報システムの開発は人月で換算されるように，大きなコストが必要になる。

　データをオープンにすることによって，自組織の力だけでなく多くの人の力を使い，高度な処理が実現可能になる。これによって，行政の透明性・効率化・信頼性の向上，市民参加が可能になる。さらに，オープンデータの活用によって，経済の活性化が期待されている。

　例えば，ロンドン市では，地下鉄の発着情報をオープンに利用できるAPI（Application Program Interface）を公開した。オープンデータの利用コンテストの結果，ロンドン地下鉄のライブマップ（図 14-6）が提案された。こういったシステムは外注すれば高額になるが，市民の参加によって，結果として安いコストで実現できたことになる。

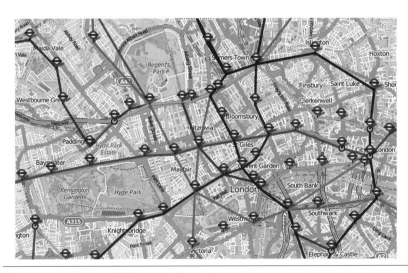

図 14-6　ロンドン地下鉄のライブマップ

最近では，GTFS（General Transit Feed Specification）と呼ばれる，
公共交通の乗り換え案内を可能にするためのデータをオープンデータと
して公開する活動が広がっている。従来は，個別の事業者対事業者での
データ提供であったが，統一されたフォーマットによって提供されるこ
とにより，多様なツールが利用可能になりつつある。

（3）シビックテック

ロンドン地下鉄の例のように，市民が自治体の事業に技術的に貢献す
ることを「シビックテック」と呼ぶ。CODE for AMERICA は，米国発
の非営利団体であり，Government 2.0 の実現を目指し，より高度な自

図 14-7　CODE for AMERICA に掲載されているアプリケーション一覧

治体を実現するため，優秀なプログラマーを雇用し，自治体に派遣することを目的に 2010 年に設立された。2013 年には，すでに 30 名を超えるスタッフを派遣している。各自治体に入り込んだ技術者は，すでに 10 を超えるアプリケーションが構築されており，CODE for AMERICA には，シビックテックに使える 30 を超えるアプリケーションが掲載されている（図 14-7）。日本においても，CODE for JAPAN をはじめとして，各地に様々なシビックテック団体が活動を進めている。

　日本で広く使われているアプリの 1 つが「5374（ごみなし）」という

図 14-8　5374.jp の動作の様子
　（http://5374.jp）

アプリである。2013年にCode for Kanazawaによって開発されたこのアプリは，各地のゴミを出す日を簡単に確認可能な仕組みである。オープンソースで開発されており，Githubからフォークをしてデータを編集するだけで，自分の地域向けの変更が可能であるため，全国で110か所以上で利用されている（図14-8）。

3. 社会に広がる情報処理

（1）自動運転における情報処理

近年，急速に技術が進歩し，いよいよ自動運転が可能になる時期が近づきつつある。自動運転を実現するためには，さまざまな情報処理技術が必要になる。

自動運転では，人が運転中に行っている認知，判断，制御を，コンピュータが代わりに行うことになる。そのため，コンピュータ上ではさ

図 14-9　自動運転車両が環境を認識している様子
（http://tier4.jp/en/support.php）

まざまな処理が行われることになる。

　まず，認知では，さまざまな技術が使われる。例えば，車の位置を判断するためには，GPS だけでなく，環境のセンシングが行われる。自動運転車両は，LIDAR と呼ばれる全方位のレーザースキャナを持ち，事前に用意してあったマップと照合して自己位置推定を行う。

　また，カメラ等を用いて障害物や信号などの認識を行う。3 次元道路地図を用いて，適切な交通状況も認識する。これらを総合的に用いて，どの方向にどの程度加速したり，方向転換するか，を判断している。判断された結果は，ハンドル・ブレーキ・アクセルを通じて自動運転車両に伝えられ，制御が行われる。2019 年の時点では，ドライバーが同乗せず遠隔からの監視による自動運転が実現されている。

（2）スマートモビリティによる社会変革

　自動運転車両は，単独ではなく，ネットワークを通じてさまざまなシステムと連携するスマートモビリティとして利用できる。スマートモビリティが普及すれば，各車両が搭載するレーザスキャナ（LiDAR）や車載カメラにより大量の実世界データが収集される。これらを用いて周囲の物体認識が実現できれば，道路やトンネル・電柱などの社会インフラの確認，店舗や看板・道路標識などの実世界更新情報の取得，人や車両の流動状況や混雑度が獲得できる。スマートモビリティは人に加え，郵便や貨物・飲食品の運搬・販売も可能であり，さまざまなサービスが相乗りできる。また，スマートモビリティは複数台の運用管理が重要であり，需要に応じた最適な配車技術の構築も行う。名古屋大学では，これらの技術開発により，走れば走るほどデータが集まり，価値を生み出すモビリティ基盤「シナジック・モビリティ」の研究開発を進めている。

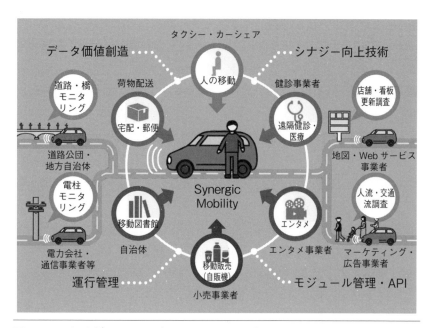

図 14-10　シナジック・モビリティのコンセプト図

まとめ

　本章では，ネットワークの基礎から，URL や P2P，CDN，クラウド
コンピューティング，さらにオープンデータやシビックテックといった
新しい社会応用までを紹介した。また，自動運転やコネクテッドカーな
どの新しい情報処理の枠組みについても解説した。

1. パケット交換と回線交換の違いについて説明せよ。
2. P2P ネットワークの利用は違法行為であるかどうかを述べよ。
3. スマートモビリティが生み出す社会を構想せよ。

15│情報認知の活用と生活環境

羅志偉・片桐祥雅・川原靖弘

《**目標＆ポイント**》 本章では，これまで学んできた情報認知の方法論を未来の生活環境にどのように生かしていくか，その可能性について考える。さらに，人工知能技術の深化とともに人間と機械との共生問題がますます重要となる中，人工知能を基盤とするさまざまなアプリケーションを利用するにあたり必然的に発生する道徳問題について考察する。

　各種センサ技術や人工知能によるビッグデータの知的処理技術，そして，IoT やロボットを代表とするサイバー空間と現実空間を融合させる CPS 技術の発展により，超スマート社会が期待される。同時に，技術と社会運用について新たな課題も生じてきている。本章では，超スマート社会の可能性を探求しつつ，倫理について考案する。

《**キーワード**》 超スマート社会，Society 5.0，人工知能，ブロックチェーン，倫理

1. 超スマート社会の実現に向けて

　これからの社会は，生活環境の隅々まで遍在する超低消費電力の各種センサ技術，センサから収集されたビッグデータを高度な人工知能を駆使して解析する知的データ処理技術，そして IoT やロボットを代表とするサイバー空間と現実空間を融合させる CPS 技術の発展により，われわれの生活と健康を支える各種斬新な製品やサービスが次々と創出され，社会全体として超スマート社会へと変貌することが熱く期待されるようになってきている。

　政府の第5期科学技術基本計画では，超スマート社会を「必要なもの・サービスを，必要な人に，必要な時に，必要なだけ提供し，社会の様々なニーズにきめ細やかに対応でき，あらゆる人が質の高いサービスを受けられ，年齢，性別，地域，言語といったさまざまな違いを乗り越え，生き生きと快適に暮らすことのできる社会」として定義し，また，自然の中で生存権を獲得する狩猟社会（Society 1.0），食料の安定供給を保障する農耕社会（Society 2.0），より豊かな物質文明を追求する工業社会（Society 3.0），そしていつでも，どこでも情報通信を行うことができる情報社会（Society 4.0）に続く，人類史上5番目の新たな社会を指すものとして Society 5.0 と位置づけている。こうした社会の実現によって，経済における価値創造や社会における各種課題の解決を目指している。例えば，カーシェアリングのように，社会における各種リソースの共有や効率的な利用が一層促進され，時間やエネルギー消費の最適化を図り，人々の安心安全な生活を確保する健康予測や元気予報システムといった新しいサービスの実現など，さまざまなイノベーションが挙げられる。

　一方，超スマート社会の実現に向けて，新たな課題も生じることが想定できる。例えば，長期運用における各種センサデータの信頼性確保問題もあるが，収集されたデータをだれが，どこで保管し，どのような運用方針に従って共有させるべきか？　個人データの利用権限の保護や利用倫理をどのように捉えるべきか？　人工システムの知能と人間の知能レベルとの間にどのような健全な関係を構築するか？　人間同士の信頼関係や社会における受容性をどのように確保するべきか？　工学技術開発を超える社会全体の共通認識を形成する必要があり，政治や法律，社会保障，経済，産業などを巻き込んで文理融合の視座から幅広く議論をし，慎重に探究することが大切であろう。現状として，超スマート社会

に即した Society 5.0 憲章を定めることが明確になっていない。

　以下の各節で，これらの問題について議論する。

２．現実空間における情報認知の活用

（1）IoT 時代の情報管理

　超スマート社会を目指し生活空間における ICT インフラの拡充が進むと，本格的に IoT を社会利用するシーンが広がっていく。つまり，現実空間における個々の人や物の状況がデータとして仮想空間に流通し，即時性のあるサービスに活用されるようになる。

　このような情報の管理方法については，個人情報の扱い，暗号化，信憑性などさまざまな視点で国際的に議論が進められているが，1 つの管理形態としてブロックチェーンが注目されている。ブロックチェーンは，Bitcoin などの仮想通貨の運用形態として有名だが，情報を管理しサービスを運用する新しいデータベースの形態として期待されている。

　ブロックチェーンでは，取引データ（トランザクション）を複数の利用者で分散して管理する。トランザクションを特定の間隔でまとめてブロックにして時系列で連ねて管理するので，ブロックチェーンといわれる。トランザクションは不可逆的な手法で暗号化され分散して保存されるので安全に管理され，改ざんされたデータやコンピュータの故障などにより破損したデータは，全体との整合性のある形ですぐに修正される。つまり一度書き込まれたデータの変更・削除はできず，正しい記録のみが保存される落ちないシステムである。

　ブロックチェーンには大きく分けて，パブリック型とプライベート型という 2 つの形態がある。パブリック型は誰でも自由に参加できるブロックチェーンで，プライベート型は管理者がいるブロックチェーンである。プライベート型は中央集権的な部分があるため参加者の公平性を

保てなくするつくりも可能であるが，参加者が限られているので，全体の動作が速いのが特徴である。このブロックチェーンは取引（トランザクション）を記録していくので，Bitcoin などの仮想通貨だけではなく，取引やデータ入力のあるさまざまなシーンに活用が見込まれている。IoT インフラを利用して自動的に記録されるトランザクションにより，信憑性の高い情報を利用者が認知することができ，利用者が目的に合った行動を迷いなく選択できる社会をつくることにも貢献できるといわれている。

（2）トレーサビリティと消費者行動

　流通分野も，ブロックチェーンの活用シーンとして注目されている分野である。ブロックチェーンを利用した有機野菜の流通管理について，事例を紹介する。

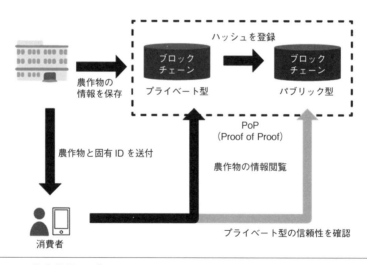

図 15-1　農産物管理ブロックチェーンシステムの概要

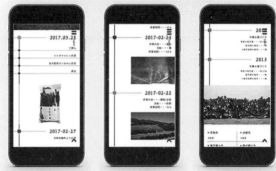

図 15-2　有機野菜トレーサビリティの表示インタフェース

　この事例は，有機農産物の生産履歴と流通状況をブロックチェーンで
管理する事例であるが，プライベート型とパブリック型のブロック
チェーンを連携させることにより，動作速度と信憑性を同時に高めてい
る。

　このようなシステムで管理された情報を，消費者が確認するためのイ
ンタフェースも工夫されている。野菜にモバイル端末をかざすことで，
野菜のトレーサビリティについて時系列を追って確認できるインタ
フェースになっている。これにより，生産環境のサステナビリティや流

通の透明性まで，消費者が生産品を手に持ち，疑う余地なくその場で認知できるというというシステムである。

3．AI と倫理

（1）自動車の自動運転における倫理問題

　計算機の能力が飛躍的に向上し人工知能の高度化に伴い，人の能力を代償する機械への実現に過剰な期待が寄せられている。完全自動化運転機能を搭載する自動車は，こうした機械の典型である。自動車の自動運転について米国運輸省道路交通安全局（National Highway Traffic Safety Administration, NHTSA）は Federal Automated Vehicle Policy を策定し運転が自動化された自動車の安全性に関する考え方を取りまとめ，各国の自動車メーカはこのガイダンスに準拠して自動運転技術の開発に取り組んでいる。

表 15-1　車の自動運転レベル

レベル	運転形態	運転主体	適用領域	人間（運転手）の介入
0	自動運転なし	人	（交通法規に準拠）	常に必要
1	機械が速度またはステアリング制御を行う（運転支援）	人	制限あり	常に監視，機械の介入部分以外は人が車を制御
2	機械が速度とステアリングの両方を制御する（部分的自動運転）	人	制限あり	常に監視，機械の介入部分以外は人が車を制御
3	緊急時以外は機械が車を操作（条件付き自動運転）	機械	制限あり	常に監視，緊急時には人が車を制御
4	適用領域内で機械が車を操作（高度自動運転）	機械	制限あり	許可領域内で機械が車をすべて制御
5	適用領域の制限なく機械が車を操作（完全自動運転）	機械	制限なし	適用領域を限定せず機械が車をすべて制御

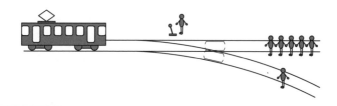

図 15-3　トロッコ問題

　レベル 4 以上の自動走行車に搭載すべき事故防止アルゴリズムについて，倫理的問題が盛んに議論されている。その典型は，「トロッコ問題」に遭遇した場合のアルゴリズムである。トロッコ問題は英国の哲学者 Philippa Ruth Foot（1920～2010）が提唱した「正解がない」問題であって，図 15-3 に示すように，誰かが犠牲にならなければならない状況（止まらない電車に対してポイントを切り替えて多数か一人かどちらの犠牲を選択するか）下での人間の行動と倫理に関する問題である。自動運転車の場合は，車の前方に人々が飛び出し車を停止することがもはやできず，車みずからが崖から落ちるようステアリング操作を行う以外に回避手段がない場合，自動運転車は前方の歩行車と車の搭乗者のどちらを犠牲するようにプログラミングすべきか，という答えのない課題が突きつけられる。この種の問題が盛んに議論されているが，解決の道は遠い。人間の運転手であれば自分を犠牲にすると答える人が多いが，常に運転者が犠牲を強いられるような法律が制定される（すなわち，他者から自分の行為が倫理的に規制される）場合，自動車を運転しようとする人はおそらく激減する。

（2）超高齢化社会における自動車運転問題

　超高齢化社会の到来とともに，自動車の運転手の高齢化も同時に急速

に進んでいる。ここで問題となるのは，認知症罹患者による自動車運転である。近年，認知症罹患者が引き起こす重大な交通事故が増加しており，自動車専用道路での逆走や目的地に到達する道順の忘却による迷走のみならず，交通法規無視による事故も増大しつつある。今日，75歳以上の後期高齢者に対して自動車運転免許更新時に認知検査を義務付け，認知機能が低下して自動車運転をした場合に事故が起きる可能性が高い人に対して運転免許返納を勧告する制度が施行されている。しかし，この検査を合格するすべての人の自動車運転に対するリスクが払拭されたわけではなく，軽度認知症を含めてグレイゾーンにいる人々は少なからず存在する。

　この一方で，自動車を使った陸上輸送は経済活動を支えるものであり，高齢者を含めた運転者の確保は社会システム維持の上でも重要である。AIによる自動運転技術の開発が，単純に機械が車を人間のように制御するという方向だけではなく，軽度機能の劣化を保障し，だれでも安全に自動車を運転できるような運転支援技術の開発を積極的に進めていくべきであろう。

（3）救急医療におけるトリアージと医療倫理

　同様の問題として，この一方で，大規模災害時に救命の順位を定めたトリアージが倫理的に問題視されている。そもそもトリアージは革命後のフランスにおいてフランス軍が野戦病院で導入したシステムであり，当初は身分による救命の順位付けを排し，病状の重みにより順位付けするものであった。しかしナポレオン戦争以降軍事的目的（一人でも戦闘可能な兵士を確保する）のためにトリアージ順位が定められるようになった。こうしたトリアージは著しく医療倫理に反するものであり，医療資源が豊富な米国でも朝鮮戦争までトリアージを採用していない。

　こうしたトリアージの問題に対峙するように，クリミア戦争の野戦病院において「黒」の判定を受けた多くの負傷兵に対して看護団を組織して看護活動を行ったのが Florence Nightingale（1820〜1910）である。こうした看護精神は，プロイセン（ドイツ）の哲学者 Immanuel Kant（1724〜1804）が提唱した人間の尊厳（人間は人格という絶対的価値を備えた存在である）と整合するものであり，人間の尊厳（価値）を定量化し順位をつけることはできないという倫理観に立脚することで自動運転に関わる倫理問題の解決の糸口を今後見出していく必要がある。

コラム 8 ／トロッコ問題と道徳

　トロッコ問題は，自動車の完全自動運転の社会実装を議論する際に頻繁に引き合いにだされるが，正解の糸口さえ提供しない。この問題は，表面的には人間倫理に反する命題（人の命を天秤にかける）であるからである。

　しかし，不自然な前提条件を過誤することはできない。線路上に集団で人が寝ている状況は，それが作業員であれ一般市民であり適切な安全管理が行われていればあり得ない。

　同様に，走行する自動車の前に人が信号を無視して歩いているという状況から誰を犠牲にするか，といった命題を設定すること自体に問題がある。このような自動車事故のリスクの真の根源は，人と車が混在する都市構造そのものにあり，馬車の事故が多発する 19 世紀のパリに遡及する。こうした本質的な自動車のリスクはこれまで運転者により回避されてきたのであって，運転者の運転技術が低下すれば当然リスクは高まる。人工知能による自動運転技術がこの人間の運転技術の低下を穴埋めするだけでは，本質的なリスクを排除したことにはならない。人と車の混在を物理的に排除することで，本質的に安心安全を担保できる快適生活空間の未来設計が必要である。

　世界遺産を多く抱える欧州では，古くから路面電車が発達している。

　また，観光客が車を停車させる巨大地下駐車場が完備されており，景観と歩行者の安全の両方を担保している。こうした欧州の都市構造を参考とするさまざまな未来都市構想が自治体を中心に進められている。図1に，未来都市デザインの一例を示す。こうした未来都市の構造を工夫することで高齢者は，都市内を歩行や自転車で移動するとともに，安全装備が充実した低速走行車を利用することもできるであろう。こうした車を運転能力が認められた高齢者が運転することもできるとともに，完全自動運転により運転能力の有無に関わらずいつでも利用できるようになると期待される。ただし，こうした完全自動運転車を利用するにあたり，利用者がどこまで責任を負うかという法的問題は未解決のままであるが，責任の所在を明らかにするだけでは構造的問題は解決できない。リスクとベネフィットを勘案し，社会全体が事故原因の究明と改善に責任を持つことも必要と考えられる。

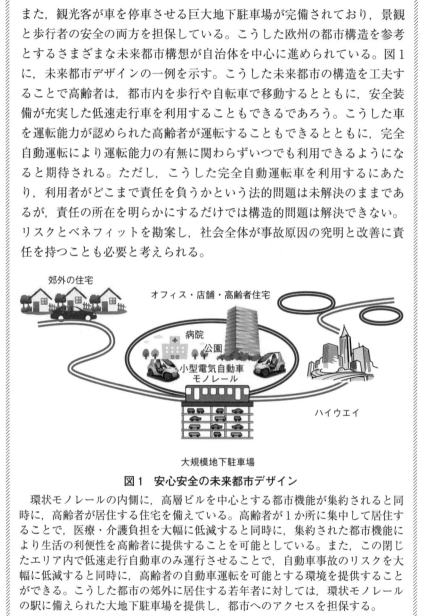

図1　安心安全の未来都市デザイン

　環状モノレールの内側に，高層ビルを中心とする都市機能が集約されると同時に，高齢者が居住する住宅を備えている。高齢者が1か所に集中して居住することで，医療・介護負担を大幅に低減すると同時に，集約された都市機能により生活の利便性を高齢者に提供することを可能としている。また，この閉じたエリア内で低速走行自動車のみ運行させることで，自動車事故のリスクを大幅に低減すると同時に，高齢者の自動車運転を可能とする環境を提供することができる。こうした都市の郊外に居住する若年者に対しては，環状モノレールの駅に備えられた大地下駐車場を提供し，都市へのアクセスを担保する。

参考文献

1. 内閣府編，『科学技術基本計画』（2018）.
2. NHTSA, Federal Automated Vehicle Policy（2016）3. J. Suzuki, M. Kono, T. Fujii, T. Ryugo, M. Sato, Y. Kawahara, Food Supply Chain Management System for Product History Using Blockchain, The 14th International Conference on Intelligent Environments（2018）.

索 引

●配列は五十音順と ABC 順。

分担執筆者紹介

羅　志偉 (ら・しい)　　　　　　　　　　・執筆章→ 2·4·15 章

1963 年	中国蘇州市に生まれる
1984 年	中国華中工学院自動制御と計算機学部卒業
1991 年	名古屋大学大学院工学研究科情報工学専攻　博士前期課程修了，工学修士
1992 年	名古屋大学大学院工学研究科情報工学専攻　博士後期課程修了，博士（工学）
1992～1994 年	豊橋技術科学大学情報工学系助手
1994～1999 年	理化学研究所フロンティア研究員
1999～2001 年	山形大学工学部応用生命システム工学科助教授
2001～2008 年	独立行政法人理化学研究所　環境適応ロボットシステム研究チーム　チームリーダー
2006 年から	神戸大学工学研究科情報知能学専攻教授
現在	神戸大学システム情報学研究科システム科学専攻教授
専攻	知能ロボティクス
主な著書	『友だちロボットがやってくる―みんなのまわりにロボットがいる未来』（くもんジュニアサイエンス）（くもん出版） 生活環境と情報認知（'15）（共著　放送大学教育振興会）

(執筆の章順)

河口　信夫（かわぐち・のぶお）──────・執筆章→ 3・13・14 章

1968 年	茨城県に生まれる
1995 年	名古屋大学大学院工学研究科博士後期課程単位取得退学
1995 年	名古屋大学工学部助手
1997 年	博士（工学）を名古屋大学にて取得
1999 年	名古屋大学工学研究科講師
2000 年	名古屋大学大型計算機センター助教授
2002 年	名古屋大学情報連携基盤センター助教授
2006 年	名古屋大学大学院工学研究科電子情報システム専攻准教授
2009 年	名古屋大学大学院工学研究科計算理工学専攻教授
現在	名古屋大学未来社会創造機構教授
専攻	ユビキタス情報システム、行動センシング、位置情報サービス
主な著書	生活環境と情報認知（'15）（共著　放送大学教育振興会）

喜多　伸一（きた・しんいち）──────・執筆章→ 7・11 章

1958 年	大阪府に生まれる
1987 年	東京大学大学院人文・社会系研究科心理学専攻修了
	ATR 視聴覚機構研究所研修研究員，富士通国際情報社会科学研究所研究員，東京大学人文・社会系研究科助手，神戸大学文学部助教授，京都大学情報学研究科助教授を経て
現在	神戸大学人文学研究科教授
専攻	実験心理学，隣接領域として情報科学と神経科学
主な著書	生活環境と情報認知（'15）（共著　放送大学教育振興会）

編著者紹介

川原靖弘 （かわはら・やすひろ）
・執筆章→ 1・5・6・8・9・10・12・15 章

1974 年	群馬県に生まれる
2000 年	京都工芸繊維大学繊維学部応用生物学科卒
2005 年	東京大学大学院新領域創成科学研究科環境学専攻博士後期 課程修了
同年	東京大学大学院新領域創成科学研究科助手
2010 年	神戸大学大学院システム情報学研究科特命講師
2010 年	東京理科大学総合研究機構客員准教授（2012 年まで）
2011 年	放送大学大学院文化科学研究科准教授，現在に至る 博士（環境学）
専攻	生活環境情報学，環境生理学
主な著書	生活環境と情報認知（'15）（共著　放送大学教育振興会） 人間環境学の創る世界（シリーズ・環境の世界）（共著　朝倉書店） 生活における地理空間情報の活用（共著　放送大学教育振興会） ソーシャルシティ（共著　放送大学教育振興会）

片桐　祥雅 （かたぎり・よしただ）

・執筆章→ 1・5・6・9・10・15 章

1959 年　東京都に生まれる
1985 年　東京工業大学総合理工学研究科博士前期課程修了
1985〜2007 年　日本電信電話㈱電気通信研究所主幹研究員
2008〜2012 年　東京理科大学総合研究機構客員教授
2012〜2013 年　大阪大学大学院生命科学研究科招へい教授
2007〜2019 年　独）情報通信研究機構未来 ICT 研究所研究マネージャー　博士（工学）
　　　　　　　神戸大学大学院保健学研究科教授（兼）国立精神神経医療研究センター神経研究所客員研究員
2019〜現在　東京大学大学院工学系研究科特任研究員
専攻　　　バイオエンジニアリング
主な著書　パーソナル・ヘルスケア〜ユビキタス、ウェアラブル医療実現に向けたエレクトロニクス研究最前線〜（共著　NTS 出版）
　　　　　クラウド時代のヘルスケアモニタリングシステム構築と応用（共著　シーエムシー出版）
　　　　　IC ガイドブック、未来を創る！（共著　産業タイムズ編）
　　　　　Micro-Optomechatronics（共著　Marcel Dekker, New York）
　　　　　Opto-Mechatronic Systems Handbook（共著　CRC Press）
　　　　　光マイクロメカトロニクス（共著　共立出版）
　　　　　マイクロオプトメカトロニクスハンドブック（共著　朝倉書店）
　　　　　生活環境と情報認知（'15）（共著　放送大学教育振興会）

放送大学教材　1519212-1-2011（テレビ）

改訂版　生活環境と情報認知

発　行　　2020 年 3 月 20 日　第 1 刷

編著者　　川原靖弘・片桐祥雅

発行所　　一般財団法人　放送大学教育振興会

　　　　　〒 105-0001　東京都港区虎ノ門 1-14-1　郵政福祉琴平ビル

　　　　　電話　03（3502）2750

Printed in Japan　ISBN978-4-595-32192-4　C1336